高僧傳

賢首法藏

華嚴宗義大成者

編撰——黃國清

【編撰者簡介】

黃國清

男，中國文學博士，南華大學宗教學研究所副教授、唯識學研究中心主任，研究方向為佛經語言文獻學、中印佛教思想。在《中華佛學學報》、《揭諦學刊》等期刊發表學術論文三十餘篇。目前學術研究主要從事佛教經論思想詮釋及佛經漢譯之研究。

【「高僧傳」系列編輯序】

令眾生生歡喜者，則令一切如來歡喜

「為佛教，為眾生」六個字，乃是印順法師於臺北市龍江街慧日講堂（後因大門遷移，地址遷至朱崙街）為證嚴法師授予三皈依、並賜法名時的殷殷叮囑：「既然出家了，你要時時刻刻為佛教、為眾生。」

依證嚴法師解釋：「為佛教」是內修清淨行，「為眾生」則要挑起如來家業，走入人群救度眾生。因此法師稟承師訓，一心一志「為佛教還原教義，為眾生點亮心燈」，而開展慈濟眾生的志業。

歷代高僧之「為佛教、為眾生」

證嚴法師開創「靜思法脈，慈濟宗門」，並將其與「為佛教，為眾生」合釋：「靜思法脈」乃「為佛教」，是智慧；「慈濟宗門」即「為眾生」，是大愛。

進而言之，「靜思法脈，慈濟宗門」即菩薩道所強調的「悲智雙運」：「靜思法脈」是「智」，「慈濟宗門」是「悲」；傳承法脈、弘揚宗門就要「悲智雙運」，積極在人間發揮慈、悲、喜、捨四無量心。此亦即慈濟人開展四大志業、八大法印時的根本心要。

由其強調「悲智雙運」可知，「靜思法脈，慈濟宗門」並非標新立異，而是傳承佛陀教法以及漢傳佛教歷代高僧的教誨——包括身教與言教，並要求身心皆徹底踐履。為了讓世人明瞭慈濟宗門之初心與悲願，也讓這些歷代高僧的事蹟與精神更廣為人知，大愛電視臺秉持證嚴法師的信念，於二〇〇三年起陸續製作《鑑真大和尚》與《印順導師傳》動畫電影，將佛教史上高僧大德的動人故事，經由動畫電影的形式，傳遞到全世界。

因為電影的成功，大愛電視臺進一步籌畫更詳盡的電視版〈高僧傳〉——採取臺灣民眾雅俗共賞的歌仔戲形式。〈高僧傳〉的每一部劇本都是經過數個月的資料研讀與整理，縝密思考後才下筆，句句考證、字字斟酌。製作團隊感受到每一位大師皆以身作則、行菩薩道的特質，希望將每位高僧的大願與大行傳遍世界。

然而，不論是動畫或戲劇，恐難完整呈現《高僧傳》中所載之生命歷程，以及諸位高僧與祖師之思想以及對後世之貢獻。因此，慈濟人文志業中心便就〈高僧傳〉歌仔戲所演繹過的高僧，以《高僧傳》及《續高僧傳》之原著為基礎，含括了日、韓等國之佛教史上的知名高僧，編撰「高僧傳」系列叢書。我們不採取坊間已有之小說體形式，而是嚴謹地參照人物評傳的現代寫法，參酌相關之史著及評論，對其事蹟有所探討與省思，並將其社會背景、思想及影響皆納入，雜揉編撰，內容包括高僧的生平、傳承及主要思想或重要經典簡介。從中，我們不僅可以讀到歷代高僧的智慧與悲心，亦可一覽相關的佛教史地、典籍與思想。

在編輯過程中，我們可以看到歷代高僧之「為佛教，為眾生」：鳩摩羅什飽受戰亂、顛沛流離，仍戮力譯經，得令後人傳誦不絕，乃是為利益眾生；玄奘歷萬里之險取得梵本佛經、致力翻譯，其苦心孤詣，是為利益眾生；鑑真六次渡海欲至東瀛傳戒，眼盲亦不悔，是為利益眾生；六祖惠能隱居十五載以避害身之禍，只為弘揚如來心法，並言「佛法在世間，不離世間覺；離世求菩提，猶如覓兔角」，亦是為利益眾生……

這些高僧祖師大可獨善其身、如法修行以得解脫，為何要為法忘身、受諸逆境而不退？究其根本，他們不只是為了參究佛法，而是深知弘揚大乘佛法的目的乃在於大慈大悲地度化眾生、讓眾生能得安樂；若不能讓眾生同霑法益，求法何用？如《大智度論．卷二七》所云：

一切諸佛法中，慈悲為大；若無大慈大悲，便早入涅槃。

由此可知，就大乘精神而言，「為佛教」即應「為眾生」，實為一體之兩面。

「大悲」為「諸佛之祖母」

除了歷代高僧之示現，「為眾生」之菩薩道的實踐，於經教中更是多不勝數、歷歷可證。例如，《無量義經・德行品第一》便說明了菩薩作為眾生之大導師、大船師、大醫王之無量大悲：

無量大悲救苦眾生，是諸眾生真善知識，是諸眾生大良福田，是諸眾生不請之師，是諸眾生安隱樂處、救處、護處、大依止處。處處為眾作大導師，能為生盲而作眼目，聾劓啞者作耳鼻舌；諸根毀缺能令具足，顛狂荒亂作大正念。船師、大船師運載群生渡生死河，置涅槃岸；醫王、大醫王，分別病相曉了藥性，隨病授藥令眾樂服；調御、大調御，無諸放逸行，猶如象馬師，能調無不調；師子勇猛，威伏眾獸，難可沮壞。

如來於《法華經・觀世音菩薩普門品》中宣說，觀世音菩薩更以三十三種應化身度化眾生：

佛告無盡意菩薩：善男子，若有國土眾生，應以佛身得度者，觀世音菩薩即現佛身而為說法；應以辟支佛身得度者，即現辟支佛身而為說法；應以聲聞身得度者，即現聲聞身而為說法；應以梵王身得度者，即現梵王身而為說法；應以帝釋身得度者，即現帝釋身而為說法……應以天龍、夜叉、乾闥婆、阿修羅、迦樓羅、緊那羅、摩侯羅伽、人非人等身得度者，即皆現之而為說法；應以執金剛神得度者，即現執金剛神而為說法。無盡意，是觀世音菩薩成就如是功德，以種種形遊諸國土，度脫眾生，是故汝等應當一心供養觀世音菩薩。是觀世音菩薩摩訶薩，於怖畏急難之中能施無畏，是故此娑婆世界皆號之為施無畏者。

為何觀世音菩薩要聞聲救苦？因為菩薩總是「人傷我痛、人苦我悲」，恆以「利他」為念。如《大丈夫論》所云：

> 菩薩見他苦時，即是菩薩極苦；見他樂時，即是菩薩大樂。以是故，菩薩恆為利他。

正是因為這般順隨眾生、「以種種形」而令其無畏的無量悲心，讓觀世音菩薩受到漢傳佛教乃至於華人民間信仰的共同崇敬。慈濟人之所以超越貧富、超越國界、超越宗教地去關懷與膚慰需要幫助的生命，便是效法觀世音菩薩無量悲心、無量應化的精神。

在《法華經・普賢菩薩勸發品》中發願、將於佛滅後守護及教導受持《法華經》之眾生的普賢菩薩，於《華嚴經・普賢行願品》中則教導善財童子如何供養諸佛，亦揭示了如來、菩薩、眾生的關係：

> 於諸病苦，為作良醫；於失道者，示其正路；於闇夜中，為作光明；於貧窮者，令得伏藏。菩薩如是平等饒益一切眾生。何以故？菩薩若能隨順眾生，

則為隨順供養諸佛；若於眾生，尊重承事，則為尊重承事如來；若令眾生生歡喜者，則令一切如來歡喜。何以故？諸佛如來，以大悲心而為體故。因於眾生，而起大悲；因於大悲，生菩提心；因菩提心，成等正覺。……若諸菩薩，以大悲水饒益眾生，則能成就阿耨多羅三藐三菩提故。是故菩提，屬於眾生；若無眾生，一切菩薩終不能成無上正覺。善男子，汝於此義，應如是解。以於眾生心平等故，則能成就圓滿大悲；以大悲心隨眾生故，則能成就供養如來。

《大智度論．卷二〇》亦云，佛陀強調，大悲心乃是諸佛菩薩之根本，具大悲心方能得般若智慧，亦方能成佛：

大悲，是一切諸佛、菩薩功德之根本，是般若波羅蜜之母，諸佛之祖母。菩薩以大悲心，故得般若波羅蜜；得般若波羅蜜，故得作佛。

「菩薩若能隨順眾生，則為隨順供養諸佛；若於眾生，尊重承事，則為尊重承事如來；若令眾生生歡喜者，則令一切如來歡喜。」閱及此段，不禁令人深深體會證嚴法師之智慧與悲心：慈濟宗門四大、八印之聞聲救苦、無量應化地「為眾生」，也是同時「為佛教」地供養諸佛、令一切如來歡喜啊！

歷代高僧雖未如慈濟宗門般推動慈善、醫療、乃至於環保、國際賑災等志業，乃因其時空因素，欲度化眾生先以弘揚大乘經教與法義為重；現今經教已備，所須的乃是效法菩薩道之力行實踐！慈濟宗門便是上承歷代高僧與經論之教法，推動四大、八印，行菩薩道饒益眾生，以此供養如來。

換言之，歷代高僧之風範、智慧及悲願，為佛教，也為眾生，此即諸佛菩薩之本懷，亦為慈濟宗門之本懷！這便是《高僧傳》系列叢書所欲彰顯者。

遙企歷代高僧儼然身影，我們可以肯定：為眾生，便是為佛教；為佛教，一定要為眾生！

【推薦序】

「頌其詩，讀其書，不知其人可乎」

——林其賢（原屏東大學中文系教授）

少年時，常從臺北遠赴臺中，在李炳南老居士座下敬聆演教《華嚴》。李老居士從西元一九六八年開始宣講唐譯八十卷《華嚴經》，至一九八六年往生前一個月為止，前後歷時十八年。佛教史上宣講《華嚴》最力、而且是唯一一位三譯《華嚴》都講過的是應慈老法師；至於宣講《華嚴》時間最長的，應該就是李老居士了；但是，十八年的時間，也只講到〈十迴向品〉。從卷數看，尚未得半；從會數看，《華嚴》九會，〈十迴向品〉居其五，適得其半。

當時因為講的時間固定而長久，全年講授，沒有寒暑假日，講得又精細，一時間接引各路人士來此學習。每逢週三下午，南北兩路的來學者或搭火車、或搭汽車，往臺中出發；晚上九點、十點法筵散席，從柳川散發返回各地。聚散往返，凝成固定的頻率與風景。

李老居士每週三排除各務，全天在圖書館閉關備課，編製講義；那是依清涼國師《華嚴疏鈔》編製的表解，表外另加小註及眉批。編製後交弟子們趕製油印講義發送，當日依表解講授。講前講後，資深學長因知要以《疏鈔》作為預習、複習的教材。

我有幸在老居士往生前的十年，得與末席，正好趕上三譯《華嚴》的合刊；那是會性法師和趙茂林居士珍藏的善本，因緣際會，由淨空法師集印發行。加上《疏鈔》和講義表解，正好得以跨過初學的門檻，粗略習得經典閱讀的方法。「懸談」即是重點的提示摘要，「科判」則是文理前後次第和上下層次的章法組織；這不但是解讀經典文本的方法，也是論文寫作講說構思的良方；於行政事務的經營管理上，也是同樣的道理。多年前，承乏學校研究發展處工作，曾推動校務 ISO 國際認證；看來繁複的系統，以「科判」視之，理路完全相通。華嚴，不只是華嚴。

近代華嚴學的發展，從民初月霞法師創建華嚴大學起，經持松、慈舟、應慈等諸位法師在各地接續辦學，培養出許多華嚴義學的人才。楊仁山居士刊刻從異域搜尋回國的華嚴經論，也帶動後續一連串相關典籍的整理發行。包括：徐蔚如將楊仁山從日本尋回的《華嚴經探玄記》會入經文，於一九二六年在天津刻經處刻版流通；徐蔚如居士於日本覓得、由李圓淨等人整理完成，一九三八年出版的《華嚴經疏鈔科文表解》；黃幼希等人於一九四四年抗戰期間完成的《重編華嚴疏鈔》。對於華嚴學的發展，我們這一代比前代幸運的是，有印製精良的經典、有完整的論典。有經論的講學、有典籍的刊行，華嚴學的教育還欠缺的應該就是孟子所說的「頌其詩，讀其書，不知其人可乎」的「華嚴人物傳記」了。國清兄這本法藏大師的傳記，正是填補這個空缺的努力。

學派或學科的發展，教理與教史同等重要；教史記錄了人、事與思想的交織，比起思想史來，更具備引人入道的可讀性。國清以其教理純熟的學養來談歷史，論事判勢，自是舉重若輕。這本書雖是以華嚴三祖「法藏」名，但上溯所承歷祖，下及所傳各代以至當前，包含人物眾多；而歷數華嚴經典之傳譯、華嚴教學之特色，人物傳記與思想義理兼顧，實可作為華嚴學之入門書；而其章節擬句，又確實有經中文系熏習的氣味，可讀性之增強又其餘事矣。

國清兄年富力強，正當學思成熟之時，又長於時間管理，於課徒嚴教之餘，新作屢出。讀者莫忘，看似水到渠成之輕鬆自然，背後自有其百折不回之艱辛奮發。

【推薦序】

讓我們來了解法藏大師

——侯坤宏（玄奘大學榮譽客座教授）

近年來《經典》雜誌陸續出版了多本「高僧傳」系列叢書，其中包括黃國清教授撰寫的《真諦大師——漢傳唯識學先驅》。這一系列叢書的特色是，採用嚴謹的學術撰寫方法，但在行文方面則以雅俗共賞的方式來呈現；所以，不但具有很高的學術價值，也具有很高的可讀性。讀者從中不但可以了解到歷代高僧的智慧與悲心，也可以知道相關的佛教史地、典籍與傳主的思想。

本書《賢首法藏——華嚴宗義大成者》，是黃教授為這一系列叢書撰寫的第二本高僧傳記。筆者有幸在出版之前閱讀了本書書稿，借此機緣來說幾句話，以應黃教授之邀約，並為之賀。

黃教授有紮實的學術訓練背景，治學嚴謹，精通佛典漢語、梵語等經典語言，對中觀與唯識、法華思想、天台思想等都有深入的研究。難能可貴的是，黃教授對佛法的弘傳有著極高的熱忱，常組織佛教經論的讀書會，例如目前仍持續進行中的《華嚴經．十地品》研習群組。

在華嚴宗發展史中，法藏繼承初祖法順、二祖智儼的思想，組織教理體系，將華嚴宗發揚光大，世稱其為華嚴宗三祖。法藏一生宣講《華嚴經》三十餘遍，著述極多，嘗仿天台「五時八教」，將佛教思想體系分為「五教十宗」，並以「十玄門」與「六相」來詮釋《華嚴經》的微言義理，也是華嚴宗哲理及修習法界觀的核心觀念。他的著作很多，主要的有《華嚴探玄記》、《華嚴五教章》、《華嚴金師子章》、《華嚴三昧觀》、《華嚴玄義章》、《華嚴遊心法界記》、

《大乘起信論義記》、《修華嚴奧旨妄盡還源觀》、《十二門論宗致義記》、《華嚴經傳記》等，都很值得我們靜下心來好好研讀。

前輩學者方立天教授研究指出，法藏和華嚴宗的哲學理論思維是中國佛教理論思維的一座高峰，也是中國佛教史、哲學史、思維史、文化史上的重要篇章。通過闡發「理、事」這一重要的哲學範疇，系統地論述了本體與現象，以及現象與現象間的關係，提出一套獨特的宇宙生成論、現象論和本體論的學說，構成一個博大精深、別具一格的圓融哲學體系。其大量著述及其所包涵的豐富佛教哲學思想，足以使他成為古代世界級的哲學家。在中國佛教思想發展過程中，天台與華嚴最具思辨特色；法藏大師是中國華嚴宗的實際創立者，也是華嚴教學集大成者，一般讀者了解不易。黃教授這本《賢首法藏——華嚴宗義大成者》，剛好可以做為我們深入法藏思想（或華嚴哲學）的敲門磚。

本書分「示現」與「影響」兩篇，前者包括：「華嚴大法西天來、智儼接引探華嚴、帝后護法弘華嚴、著述等身闡華嚴、晚歲志疏新《華嚴》」五章；後者包括：「五教十宗顯華嚴、十玄六相論華嚴、古今中外傳華嚴」三部分；另附錄法藏大師年譜和參考資料。作者透過這些內容來呈顯法藏的生平與著述，讓讀者得以窺見一代大師的高尚風操與厚實學養。法藏大師的華嚴思想，對當今的我們仍有很高的參考價值。

黃國清教授是筆者尊重的學界友人，我曾多次聽他講演，也看過他寫的論文和專書，從中受益良多。本書是他最新的一本著作，也是介紹一代華嚴大家法藏大師的佳作，值得我們好好閱讀，藉以了解法藏大師。是為序。

【編撰者序】

善巧闡述諸佛不可思議境界的法藏大師

《華嚴經》意境波瀾壯闊，文辭優美流暢，誦讀經文令人滿心歡喜；而教理甚深微妙，難知難解，想深入其思想堂奧常有不得其門之感。中印祖師的《華嚴經》義理詮釋，可資為趣入華嚴義理大海的關鑰。

賢首法藏雖被後人尊為「華嚴宗三祖」，但實為中國華嚴宗的實際創立者。其一生專志於《華嚴經》的研修、疏釋與弘通，經典義解卓然成家，奠定華嚴教學的穩固基業，傳於後世蔚然成宗，引領無數佛子參究華藏真理世界。

《華嚴經》教理與華嚴宗義理，是筆者研究佛學迄今為止，感到最難以進入的佛法義理體系，因其所闡述的內容是諸佛不可思議智慧境界。阿含學、般若學、中觀學、唯識學、佛性如來藏學，都有一個邏輯理路可供依循；唯獨華嚴學，縱然通過經論語文及祖師大德的善巧開示，其如來自覺聖智境地依然極難思惟及語議。

華嚴學是筆者較晚參與的佛教學術範疇，可分印度華嚴經學與中國華嚴義學二個次領域，其間關係可說不一不異。數年來研讀《華嚴經》與法藏論著，漸有領略與信解，稍理出頭緒，並且嘗試在靜心中依經據論冥思圓融無盡的法界真理。經典是在表述如來智境，精深直透，依之觀照；論書用以疏通經文義趣，條貫演繹，據以開解。經典與注疏合用，是法藏大師所建構的華嚴教法研習進路。

法藏大師為中國華嚴佛學之集大成者，此番獲致如此殊妙因緣，得以編撰這位佛門大智者的傳記，探研其一生佛法學思歷程的深廣世界，不得不對攸關的今古文獻勤於披覽，多加思惟，實乃三生有幸！由此機緣，於自身的華嚴學問亦能有所突破，感激之情油然而生！

本書「示現」篇呈現法藏大師的生平事跡與著述成果，管窺其高尚風操與厚實學養，確為大善知識與菩薩修學典範。「華嚴大法西天來」之章概述華嚴佛典於漢地傳譯的源遠流長，及地論學人、帝心杜順、雲華智儼等法藏先輩們的華嚴智思傳統。「智儼接引探華嚴」之章探索青年法藏的華嚴法義追尋歷練，及值遇智儼尊者的匠心栽培，得以速疾開啟法界緣起慧悟。

「帝后護法弘華嚴」之章將法藏大師的佛教弘化事業置放在時代政治文化與佛教文化的寬廣脈絡予以照察。「著述等身闡華嚴」之章綜述大師的整體著作概況及揭示其佛學關懷取向。「晚歲志疏新《華嚴》」之章爬梳大師的晚年佛教事業及門下弟子的思想承繼情形。以此數章映現賢首大師不為權勢名利所動的堅毅志趣與佛法睿智，一心一意獻身於自覺覺他的菩薩道旅，感動古往今來的華嚴學人。

「影響」篇關注法藏大師的主要華嚴學說及其佛法義詮的時空傳衍；因其經典義理詮釋的體大思精，故能傳之久遠，及於四海內外。「五教十宗顯華嚴」論究其判教觀點，以顯明《華嚴經》教理之特勝與圓滿。「十玄六相論華嚴」展示其「十玄門」與「六相圓融」的精妙哲思，此為華嚴義海的核心理趣。最後，以「古今中外傳華嚴」總結其華嚴教學在中國歷代與東亞域外的影響效應。

個人一直對華嚴佛學保有高度興趣，今天這本法藏大師傳記得以順利完成，要感謝慈濟傳播人文志業基金會之邀稿，提供研撰的首要動能。前輩學者們的精心研究成果，使本書得以繼續前行，於此致上謝意。在書寫過程中，感謝南華大學宗教所同學協助校看文稿，指出文字錯誤。特別感謝在暨南大學中文博士班深造的孫淑儀女史，詳細校閱全文並指出資料訛誤之處。最後，總體感恩促成此書寫就的一切因緣！

目錄

示現

二為根熟之輩，於一法門具足演說一切佛法，謂常與無常、空不空等一切具說，更無由漸，故名為頓。三為於上達分階佛境之者，說於如來無礙解脫究竟果德圓極祕密自在法門，故名為圓。即以此經（《華嚴經》）是圓、頓所攝。

第二章　智儼接引探華嚴　075

時智儼法師於雲華寺講《華嚴經》，藏於中夜忽　神光來燭庭宇，廼歎曰：當有異人弘揚大教。翌旦就寺膜拜已因設數問，言皆出意表。儼嗟賞曰：比丘義龍輩尚罕扣斯端，何計仁賢發皇耳目。

第三章　帝后護法弘華嚴　119

我涅槃後、最後時分、第四五百年中，法欲滅時，汝於此贍部洲東北方摩訶支那國，位居阿鞞跋致，實是菩薩，故現女身，為自在主。經於多歲正法治化，養育眾生猶如赤子，令修十善……

第四章　著述等身闡華嚴　171

《華嚴經》者，斯乃集海會之盛談、照山王之極說。……以因陀羅網參互影而重重，錠光玻黎照塵方而隱隱；一即多而無礙，多即一而圓通；攝九世以入剎那，舒一念而該永劫。

參・古今中外傳華嚴 343

世之學華嚴者，莫不以賢首為宗；而賢首之書傳至今日者，僅藏內十餘卷耳。後人閱清涼大疏，咸謂青出於藍而青於藍，因欲易賢首宗為清涼宗，蓋未見藏公全書故也。

附錄

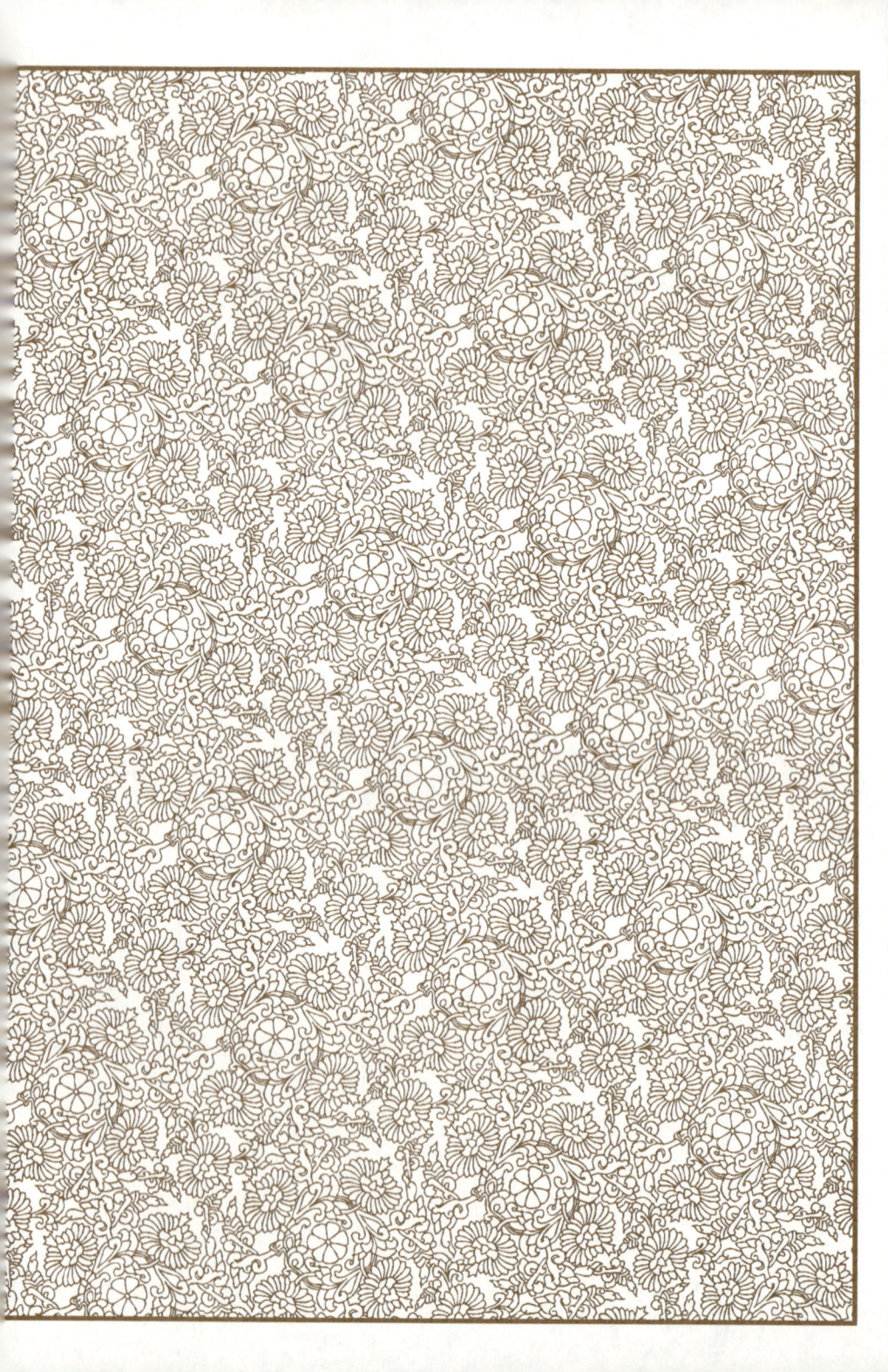

示現

第一章　華嚴大法西天來

二為根熟之輩，於一法門具足演說一切佛法，謂常與無常、空不空等一切具說，更無由漸，故名為頓。三為於上達分階佛境之者，說於如來無礙解脫究竟果德圓極祕密自在法門，故名為圓。即以此經（《華嚴經》）是圓、頓所攝。

華嚴法門緣起於印度，原本傳授於菩薩之間；佛滅後五百年頃，開始在人間流通。在西元二世紀的東漢時代，譯經法師遠涉無垠沙漠與高山峻嶺，將《華嚴經》的一部分帶來中國，開啟了漢地華嚴佛學的黎明。

東晉時代，大本《華嚴經》傳譯過來；北魏之世，瑜伽行派世親大師注解的《十地經論》漢譯出來。在神州大地上，佛教學人獲得鑽研這套深妙教理的因緣，在思想面與實修面多所創獲，奠定唐代華嚴宗興起的豐沃土壤。

華嚴佛典譯傳史

翻開唐代新譯《大方廣佛華嚴經》（Mahāvaipulya Buddhāvataṃsaka Sūtra）第一頁，毗盧遮那如來（Vairocana）在中印度摩揭提國的菩提道場始成正覺；那是七寶所成的清淨莊嚴世界，四處大放光明，現場充滿無可計數的大菩薩。

在凡人看來，那裡仍然是處平淡無奇的自然山林環境，如來沉靜安祥地禪坐冥想，似在受用法樂，面容透顯喜悅。最初七日，佛陀安住於禪定當中，並未演說真理教法。

第二個七日，在同一個處所，凡俗之眼所無法見到的聖者空間，正上演著豐盛無比的佛法饗宴，熱鬧非凡。

法身如來通過大菩薩們所化現的三界各天之王、日天子、月天子、天龍八部各眾之王、主晝神、主夜神、主方神、主空神、主風神、主火神、主水神、主海神、主河神、主稼神、主藥神、主林神、主山神、主地神、主城神、道場神、足行神、身眾神、執金剛神，以及普賢菩薩、淨德妙光菩薩、海月光大明菩薩、海慧自在神通王菩薩、雷音普震菩薩、眾寶光明髻菩薩、大智日勇猛慧菩薩、不思議功德寶智印菩薩、百目蓮華髻菩薩、金燄圓滿光菩薩、法界普音菩薩、雲音淨月菩薩、善勇猛光明幢菩薩等，仰仗佛陀神力，各出偈頌歌讚如來的無量圓滿功德，合力演說如來的無邊智慧境界。

這是華藏莊嚴世界法身佛說法的殊勝場景；然而，毘盧遮那如來安處海印三昧，娑婆世界依然一片寂靜，華嚴大法在人類世間的傳播因緣尚未成熟。其後，隨順世人的智慧根機，佛陀以應化身之姿，示現從禪定起身，前往鹿野苑初轉法輪，教授聲聞佛法。《華嚴經》成為一股佛法伏流。

時序拉到西元前後，《華嚴經》的部分內容逐漸出現世間，相當於〈如來名號品〉、〈光明覺品〉、〈淨行品〉、〈十住品〉、〈十地品〉、〈入法界品〉的單行經本不斷傳出。自二世紀末葉開始，陸續傳來中華大地。

東漢時代，有支婁迦讖所譯的《兜沙經》，相當於唐譯八十卷《華嚴經》（以下各單行本譯經對照所用經典均指此本）的〈如來名號品〉與〈光明覺品〉的一部分。

三國時代，吳地支謙翻譯《菩薩本業經》，內容包含〈如來名號品〉、〈光明覺品〉、〈淨行品〉、〈昇須彌山頂品〉、〈須彌山頂上偈讚品〉及〈十住品〉（無偈頌部分）的簡化版。

西晉時代，聶道真漢譯《諸菩薩求佛本業經》，對應到唐譯本的〈淨行品〉、〈昇須彌山頂品〉，及〈須彌山頂上偈讚品〉的序起部分。

竺法護所譯《菩薩十住行道品經》，相當於〈十住品〉而無偈頌。竺法護又譯《漸備一切智德經》，相當於〈十地品〉；《等目菩薩所問三昧經》，對應於〈十定品〉；《如來興顯經》，大抵是〈如來出現品〉與〈十忍品〉的異譯；以及《度世品經》，相當於〈離世間品〉。

東晉時代，祇多蜜所漢譯《菩薩十住經》，也相當於〈十住品〉。北方西秦由聖堅所譯的《羅摩伽經》，相當於〈入法界品〉的序起部分。後秦鳩摩羅什所譯的《十住經》，對應到唐譯本〈十地品〉的前兩地。

東晉《華嚴經》漢譯的一件大事，是支法領從于闐（於今新疆塔里木盆地南沿）帶回此經大本的梵本，由佛陀跋陀羅自義熙十四年（西元四一八年）到元熙二年（西元四二〇年）全部譯出，經名《大方廣佛華嚴經》，共計六十卷。

佛陀跋陀羅另譯《文殊師利發願經》，相當於唐代般若所譯四十卷《華嚴經》（〈入法界品〉的異譯）末卷（〈普賢行願品〉）的偈頌部分。

唐代是《華嚴經》漢譯大放異彩的時代，玄奘譯出《顯無邊佛土功德經》，相當於〈壽量品〉。地婆訶羅翻譯《大方廣佛華嚴經續入法界品》，補足六十卷《華嚴經．入法界品》的兩處脫文。

最值得一書之事，是實叉難陀從武周證聖元年（西元六九五年）到聖曆二年（西元六九九年）重新漢譯了從于闐請回的完備梵本，經名亦為《大方廣佛華嚴經》，共計八十卷。華嚴宗的法藏大師參與了這項譯經盛事。

其後，尸羅達摩漢譯《十地經》，為〈十地品〉的異譯。

三藏法師般若在貞元十一年（西元七九五年）譯出《大方廣佛華嚴經》四十卷，內題為《入不思議解脫境界普賢行願品》，是〈入法界品〉的增廣版本。比較值得注意的是，此本第四十卷為〈入不思議解脫境界普賢行願品〉，即是通常別行流通的《普賢菩薩行願品》。

又有唐密祖師不空所譯〈普賢菩薩行願讚〉，相當於〈普賢行願品〉偈頌部分。

北宋時代，佛典的漢譯到了尾聲。《華嚴經》各品在唐代均已譯出，現存

僅見法賢所譯的《較量一切佛剎功德經》，是唐譯本〈壽量品〉的異譯。（註一）

關於《華嚴經》注釋書的傳譯，後秦鳩摩羅什漢譯《十住毗婆沙論》，相傳此書為龍樹大士所作，內容相當於〈十地品〉最初二地的經文疏解。據《高僧傳．卷二．佛陀耶舍傳》記載，鳩摩羅什在翻譯《十住經》之時，經過一個多月，發現很多疑難困惑，難以下筆。佛陀耶舍到來，與他一同商議，義理與文辭才獲得確認。

法藏於所撰《華嚴經傳記．卷一．「論釋第五」》的「《十住毗婆沙論》一十六卷」條下夾注說（以下引文皆直譯）：「龍樹所作，注釋〈十地品〉法義。後秦佛陀耶舍三藏從口中誦出其文句，與鳩摩羅什法師共同譯出。解釋〈十地品〉到第二地，其餘文句因佛陀耶舍未誦出，於是缺少解釋。」這是一本從佛教中觀學派立場詮解《十住經》（〈十地品〉）的論書。

世親所作《十地經論》在北魏時代的傳譯，帶起中國佛教學人的研究風氣，形成「地論學派」，對日後華嚴宗的成立構成深遠影響。印度瑜伽行派（唯識學派）是在五世紀時興起的大乘學派，無著與世親兩兄弟為其創始者。世親撰述《十地經論》，以綱舉目張的方式注釋經文，發揚大乘菩薩道的修學意義。

玄奘所述《大唐西域記．卷五．「阿踰陀國」》記載，當世親極力弘揚聲聞佛教時，其兄無著擔心他因此毀謗大乘，會墮入惡道，於是假託生病因緣來度化他；世親接獲兄長染疾的音訊，立即從北印度趕來相見。

夜半之後，無著為世親誦念《十地經》。世親聽聞以後，感到萬分懊悔，而說：「甚深微妙教法，過去未曾聽聞，誹謗的罪過，舌頭為其根本，現在應當割斷。」無著勸慰他說，既然以前用舌頭毀謗大乘，今日就用舌頭來讚歎大乘。世親於是精思深研，著述大乘論典一百多部。

《十地經論》的翻譯經過，北魏朝侍中崔光所寫〈十地經論序〉說：「在永平元年（西元五〇八年）四月初一，敕命三藏法師北天竺國菩提流支（漢名

「道希」），中天竺國勒那摩提（漢名「寶意」），及傳譯沙門北天竺伏陀扇多（漢名「覺定」），加上義學法師與儒士十餘人，於『太極紫庭』譯出這部論書，有十餘卷。」

關於兩位譯經師的互動過程，流傳一個有趣故事。《續高僧傳・道寵傳》提及，北魏宣武帝起初讓菩提流支在紫極殿翻譯《十地經論》，勒那摩提在太極殿譯經，各有禁衛，不許互通言語。

等到永平四年（西元五一一年）將兩師譯文對校完畢，僅有一字之差，大眾驚歎無比。這樣的傳說太過玄奇，令人難以置信。《十地經論》或許真由兩位譯師分頭漢譯，最後再做校訂與整合，其間出入應是不少。

檢視漢文佛教藏經，大本《華嚴經》或其單行諸品在中國的傳譯，從東漢一直跨越到北宋，綿延八百年之久。晉譯六十卷《華嚴經》在唐代八十卷《華嚴經》重譯之前，是中國佛教學人研究華嚴佛學的主要經本。唐譯全本內容更加完備，文字較為通暢，華嚴宗人轉依此本，成為後世流通最廣的經本。

對《十地經論》的研究則發展出地論學派（地論宗），後因見解不同又分為「相州北道派」與「相州南道派」；其中，「南道派」的法義傳承對隋代與唐初佛學有重要影響，後來併入華嚴宗。

地論學派詮圓教

菩提流支與勒那摩提共同譯出《十地經論》之後，便分頭弘傳這部論典，形成兩個傳承譜系。這兩位譯經法師關係不睦的情形可能始於譯經期間，他們對佛教經論各有其專精，見解有所差異。

《歷代三寶紀．卷九》於夾注中引《寶唱論》所記，說《十地經論》與《寶積經論》二部論書本來是由勒那摩提與菩提流支合譯；然而，兩位大德競爭名望，不相諮問討論，譯經文句的首尾互有不同，致使文辭連綴發生差異，後來才由通達法義者進行整合。

《十地經論》的翻譯時程費了大約三年之久，可能就出於如此各自為政的情況。無論如何，經過其他助譯學人的努力對勘與修訂，成就了這部重要論書的漢譯大事。

《十地經論》的主譯者勒那摩提與菩提流支，及傳語沙門伏陀扇多，三人之中應以勒那摩提對《華嚴經》最為精通。《續高僧傳．卷二．菩提流支傳》所附的勒那摩提傳略，記述北魏宣武帝多次請他講解《華嚴經》，闡釋經文，開曉眾人，每每發出精闢意旨。

相傳，某日勒那摩提正在高座上講經，忽然有手持笏板的天界官吏降臨，說天帝命他來延請法師前去講演《華嚴經》。不論實情如何，如此的傳說反映出勒那摩提對《華嚴經》的高明造詣。

慧光（西元四六九至五三八年）是勒那摩提的首要傳人，他同時與菩提流支保持良好關係，因此能成為譯經觀點分歧時的調解人物。《續高僧傳．卷二十一．釋慧光傳》提到，勒那摩提開始翻譯《十地經論》，到後來整合譯文時，慧光因當時參與譯場，且學過印度語言，疏通兩種譯稿的諍論，藉由深刻教理領會以進行取捨，保全了整體法義要領。由此看來，他應當是《十地經論》校勘與統整的靈魂人物。

《十地經論》自此開始流通，慧光開宗明義，解釋文句；此外，漢傳佛教《四分律》的弘傳也由慧光草創基業。他因德學兼備而在東魏時代獲選為沙門統（統轄天下僧眾之僧官），人稱「光統」。他對《華嚴》、《涅槃》、《維摩》、《十地》、《地持》等經論均能疏解其奧旨，而弘講引導眾人。

慧光參與《十地經論》譯場，並且跟隨勒那摩提精研華嚴義理，同時獲得菩提流支的指導，成為繼承勒那摩提弘通華嚴佛學的卓越法匠。慧光所教授的地論學說與佛性思想相融，受到漢地佛教學人的青睞。

《續高僧傳．卷七．釋道寵傳》提及當時的一種流傳說法：「當初勒那摩提三藏教導三人，對道房、定法師二人傳授其禪修心法，對慧光一人特別傳授教法與戒律。菩提流支三藏只教授道寵。道寵在相州北道教導牢、宜等四人，慧光在相州南道教導憑、範等十人，因而使鄴都佛教分為南北二路。『當常』、『現常』兩種說法始自此時。」

鄴城（於今河北臨彰縣）是北魏與東魏的都城。北魏時代將鄴行臺轄下的六郡改設為相州（位於河南北部安陽市一帶與臨漳縣）。由相州到洛陽有南北二條通路，即相州南道與相州北道。

勒那摩提傳授慧光的相州南道派傾向支持「現常」，認為眾生本來具有清淨常住的佛性，阿賴耶識即是清淨如來藏。菩提流支傳授道寵的相州北道派主張「當常」，主張阿賴耶識是染汙的，真常佛性是經由後天修學之後始開發成就的。

在佛教經論教法的判釋觀點方面，慧光有「三教」與「四宗」的主張。法藏所著《華嚴經探玄記．卷一》說：「後魏光統律師承襲佛陀三藏立三種教法，亦即漸教、頓教、圓教。」佛陀禪師與勒那摩提很有可能是同一人。

法藏接著引述慧光對頓、漸二教的界說：「第一種是為了根機未成熟者，先說無常，然後才說真常；先說空，然後說不空等，如此漸次引導，稱為『漸教』。第二種是為了根機成熟之類，於一個法門中完備地演說一切佛法，所謂常與無常、空與不空等，一切同時完全講說，更不藉由階次，稱為『頓教』。」兩教的最後目標都導向「真常」、「不空」的義理，只是說法進路有漸次與頓時的差別。

最後概說圓教的意義：「第三種是為了最上根機接近佛智境界者，講說如來的無礙解脫究竟果德、圓極祕密自在法門，所以成為『圓教』。就以這部《華嚴經》為圓教、頓教所攝。」此處指出慧光推崇《華嚴經》教法為圓滿與頓時的最上教法，講述如來圓滿自足、無礙自在、不可思議的究竟果德。

天台智顗在《法華玄義．卷十》則指出，佛馱（陀）三藏、學士光統（慧光）所分辯的四宗判教如下：

一、「因緣宗」，指《阿毘曇》的六因、四緣學說。

二、「假名宗」，指《成實論》的三假（因成假、相續假、相待假）。

三、「誑相宗」，指《大品般若經》、三論（《中論》、《百論》、《十二門論》）。

四、「常宗」，指《涅槃經》、《華嚴經》等，常住佛性本有湛然。

前二宗屬於聲聞部派佛教。「因緣宗」指向說一切有部學說，主張「人空法有」，有情身心個體中不存在永恆不滅的「自我」（精神實體），但構成有情個體與現象事物的因與緣是實有的。「假名宗」指聲聞部派的空宗，透過「析法空」了知空義，將構成有情與萬物的基本要素（法）解析之後，得知它們並非實體。

後面兩宗是對大乘佛法的概括。「誑相宗」指大乘空宗，通過「體法空」了知萬法緣起性空，當體即空。「常宗」意指以《涅槃經》、《華嚴經》為代表的真常佛性教理。《華嚴經》依然為最高教法，而此處透露著濃厚的真常佛性意味。

菩提流支的漢語能力顯然較勒那摩提為佳，傳譯的佛典部數眾多，《續高僧傳．菩提流支傳》說：「皇帝又勅命居士李廓編撰《眾經錄》……其經錄中說，三藏菩提流支自洛陽到鄴都，直至天平年間的二十餘年當中，總共譯出經典三十九部，一百二十七卷，亦即《佛名》、《楞伽》、《法集》、《深密》等經典，《勝思惟》、《大寶積》、《法華》、《涅槃》等釋經論。」

菩提流支顯然是瑜伽行派學者，所漢譯者主要是連結到這個學派的相關經論，以及世親所作的佛經注釋書。與勒那摩提相較，他對瑜伽行唯識學派佛典的研究更為深入與廣泛。

菩提流支傳授於道寵所開出的地論宗北道派，世親唯識佛學的氣息較重。唐代湛然所著《法華文句記．卷七》說：「古代弘傳《十地經論》，相州本身就分為南北二道，見解有異；南道主張依法性生起一切法，北道主張依阿賴耶生起一切法。宗派既然有別，釋義因而不同，難道是由《十地經論》所造成？」

相州南北二道在解釋《十地經論》時，各自依據不同的佛教學說系統。南道派結合如來藏思想，以真常佛性為一切諸法生起的所依；北道派根據唯識學說，以染汙的阿賴耶識作為萬法緣起的所依。

北道派主張阿賴耶識雖與佛性不一不異，但非自始即具足一切功德。佛性並非先天本具，眾生必須透過後天廣修善法，熏習生成一切功德；所以，功德圓滿的佛性是證得佛果之後始成就，此為佛性始有的「當常」觀點。

菩提流支一系還有一種「半滿二教」的判教觀點。智顗在《法華玄義・卷十》說：「菩提流支說明半、滿二教；佛陀最初說法的前十二年都是半字教，十二年後都是滿字教。」

「半字」的原本意思是未成詞的字母，不顯意義，代指聲聞佛教，亦即從鹿野苑初轉法輪之後所說的小乘經、律、論三藏。「滿字」已由字母構成詞語，具有意義，代指大乘佛教，自從講說《般若經》以後一直到涅槃之際所說的大乘經。

又如智顗在《維摩經玄疏・卷六》說：「若是菩提流支的半、滿二教顯明經義，這部《（維摩詰）經》即是滿字教說，不異於《華嚴經》、《涅槃經》。」將《華嚴經》與《維摩詰經》、《涅槃經》等並列於大乘滿字教，並未特別突出其教法。此點與唯識學派的判教思惟有共通點，即依於《解深密經》的「三時判教」，將不偏於有、空的大乘教法全歸於第三時的了義法輪。

道寵是菩提流支的得意弟子，《續高僧傳・卷七・釋道寵傳》說：「（道寵）前往菩提流支那裡，訪求精深至極的教法。菩提流支於是為他講授《十地經論》，教導三年；他隨所聽聞的內容即能做出疏解，即刻為人開講，聲音悠揚，鄴城人士大加推崇。……由他造就的佛教人才有能力傳道者達一千餘人，其中傑出者包括僧休、法繼、誕禮、牢宜、儒果等。」門庭不及慧光之盛。

地論學派的傳承譜系非常複雜，思想有細節分化，由於非本書的考察對象，只能略說首傳二代佛學取向的梗概。慧光門下才士濟濟，有學者將其分為法上—慧遠系、道憑—靈裕系、曇遵—曇遷系、曇衍—靈幹系等。道寵所傳弟子非以《十地經論》為中心，多轉向《大智度論》為主，兼學《十地經論》與《雜心論》。（註二）

南道派多有傑出人才，促成當時華北的華嚴佛學研修風氣，影響及於隋代與唐初的佛教學術文化環境，連動到日後華嚴學人對《華嚴經》義理的詮釋方向。北道派人才相對不足，逐漸趨於消沉；加上攝論學派（宗《攝大乘論》）在北地盛行，兩家觀點有相近之處，而為攝論諸師所掩蓋。

隋代專門弘講《華嚴經》的法師並不多，大抵屬於地論宗一系。根據法藏所撰《華嚴經傳記．卷二》記載三人，包括相州演空寺的靈裕、長安空觀寺的慧藏，及長安大禪定寺的靈幹。

靈裕曾向地論宗的道憑學習《十地經論》，專研《華嚴經》、《涅槃經》、《十地經論》與律部，對《華嚴經》尤其深研。北齊皇后患病，發願聽聞《華嚴經》，僧官們就推舉靈裕擔當這個任務。

慧藏自幼出家，聽講《涅槃經》、《大智度論》、《十地經論》、《華嚴經》、《般若經》等經論。四十歲後棲居千鵲山，研修各部佛典，而以《華嚴經》為本，曾著作此經義疏。北齊武成帝禮請他到太極殿開闡這部經典，為一場盛大法筵，他從此專門弘揚《華嚴經》。他是隋文帝時代「六大德」之一，圓寂後立塔於終南山至相寺的前峯。

靈幹十四歲依大莊嚴寺曇衍出家，十八歲即能依照師說講解《華嚴經》與《十地經》。遭遇北周法難，他就居家守戒。隋代佛教重興，他常宣講此經。靈幹當初立志修持《華嚴經》，經常依據經本做蓮華藏世界海觀及彌勒天宮觀；往生前告訴僧人童真，有青衣童子引領他去兜率天宮。

杜順禪修啟觀門

佛教史家湯用彤論及六十卷《華嚴經》與《十地經論》的漢譯，如此概括華嚴宗興起的重要文化背景：「然在此後，南北之《華嚴》研究大盛，迨及唐初，遂有本宗之確立。此其故，北方不能不歸功於地論學家，而南方之三論學

者亦有力焉。」（註三）

隋代三大師之一的淨影慧遠屬於慧光門下法上一系，是地論派學者，晚年又汲取攝論學說，曾撰《十地疏》七卷及《華嚴疏》七卷。

隋代三大師之中主要在南方活動的天台智顗，思想受到《華嚴經》的重大啟發，其圓教義理體系的內核是華嚴無盡圓融的深妙教理。在天台「五時判教」（華嚴、阿含、方等、般若、法華涅槃）架構中，如來成道之初是為大菩薩們講說《華嚴經》，主體教理是圓教，強調此經教法為「頓圓」，頓說圓教法義；佛陀圓寂之前所說的《法華經》，法義純圓，智顗在解義內容當中灌注了大量華嚴思想元素。

另一位在北方活動，集「三論」（《中論》、《百論》、《十二門論》）學說大成的嘉祥吉藏，雖力主中觀思想的「無所得中道」之說，對《華嚴經》也不吝給出至高評價。他在《法華玄論·卷一》就十四點論說《華嚴經》對比

《法華經》的不同殊勝意涵：《華嚴經》與《法華經》同明一因一果，教滿理圓，無餘究竟，只是善巧方便的發起因緣不同。統括大要共十四項：

（一）《華嚴》在初始講說一乘，《法華》在最終解明一乘；始與終有異，但一乘無別。

（二）《華嚴》直接講說一乘，初始無所會歸，終末無所開決；《法華》對三乘顯明一乘，初始辯明開一乘為三乘，最終闡明會三乘歸一乘。

（三）《華嚴》為啟發自始即學大乘因緣者說；《法華》為二種機緣者說，一是前為小乘機而後轉學大乘因緣者，二是啟發自始即學大乘因緣者。

（四）《華嚴》為福德大的利根人說；《法華》為福分少的鈍根人說。

（五）《華嚴》是直通大道的教法；《法華》最初破斥迷執，然後才宣說直通大道的教法。

（六）《華嚴》只顯明一乘真實智慧；《法華》具足三乘與一乘的權實二

種智慧。

（七）《華嚴》是毗盧遮那佛（或言盧舍那佛）相即於形跡的本初身說法；《法華》是釋迦佛相即於本初的形跡身說法。（註四）

（八）《華嚴》加持菩薩們而說；《法華》是如來自說。

（九）《華嚴》只對菩薩說；《法華》兼對二乘與菩薩而說。

（十）《華嚴》縱向論說一乘，開出五十二階位；《法華》橫向論說一乘，不開展階位。

（十一）《華嚴》詳盡闡明一因一果；《法華》概略解說一因一果。

（十二）《華嚴》在淨土中說；《法華》在穢土中說。

（十三）《華嚴》在七處八會說法；《法華》在一處一會說法。

（十四）《華嚴》由一佛所說；《法華》由分身等十方佛、多寶佛等三世佛共同講說。

這是很公允地對比、評價二經。《華嚴經》與《法華經》分別在不同佛教群體中被評判為經王，吉藏似乎在為兩部經典爭取平等並列的最高地位。兩經教法都在闡明一因一果的圓滿教理，只是施教因緣的善巧方便差別，致使經說教導的內容不同。

到了隋代與唐初，《華嚴經》與《法華經》的地位可說不分軒輊，中國祖師常對兩經進行教理融通。儘管如此，如果不考慮施教方便，純就教理內容來評判，《華嚴經》在詳細詮說一因一果的圓妙教理方面，確實為其他經典難以望其項背。

吉藏檢視《法華經》的教義表述，認為是在概略說明一因一果的妙理。這就是智者大師為何須要借助《華嚴經》圓妙法義來充實《法華經》實相涵義的緣由所在。華嚴宗的早期祖師們明白看出《華嚴經》異於他經的教理特色，嘗試彰明此經的至高至圓理趣。

華嚴初祖帝心杜順（西元五五七至六四〇年），法號法順，俗家姓杜，因而被稱為「杜順」。唐太宗召他入宮，賜號「帝心」。根據《續高僧傳·卷二十五·感通篇》的〈釋法順傳〉，杜順是雍州萬年（今屬陝西長安）人。他生性和順，未料遭逢惡世，辭別雙親，戍守邊疆，不畏勞苦。十八歲捨棄世俗出家為僧，師從因聖寺的僧珍禪師，修習禪定。

道宣將杜順放在高僧傳記的「感通篇」，主要記載其師僧珍及他的神異感化事略。僧珍心性儉樸，喜好住在郊野。曾發現一塊修行靈地，就草創地基，勸化居士建築禪窟；他端坐著指揮，指示建築法式。某天，忽然出現一隻不知何處而來的狗，身黃腳白，非常溫馴，直接跑入窟內，口銜泥土而出，快速往返，不感疲勞；其並與僧眾一塊吃飯，過午不食。

發生這樣的奇異事件，感召人們遠來歸依。有人將此事上奏朝廷，隋高祖相當重視，每日賜給白米三升供養。等到禪窟建成，僧珍即自在坐化。所建的就是聖因寺。

杜順親見此等神異事跡，更加歸信其師尊，全力輔佐建設，在適當時機就請問道業。杜順在僧珍處應當得到良好的禪修指引；至於獲得何種經典教理的傳授，就不得而知了。

道宣在傳記中又記述了杜順的一些神異事跡。例如，他行化慶州（於今甘肅、陝西、寧夏回族自治區境內），勸勉民眾舉行法會，供養五百人；齋食時間卻來了千人，使功德主心生憂慮，杜順卻能令千人飽足。

又曾有清河張氏人家所養牛馬性情頑劣，沒人敢買；杜順向牠們開示仁慈之道，牛馬似聽懂教誨，從此不再爭鬥互咬。當杜順帶領眾人到驪山結夏禪修時，土地多有蟲蟻而無種菜因緣；杜順恐怕傷害牠們，便在原地開示，讓小蟲遷徙。不久前往察看，正如其所標分界，已無小蟲。由以上諸例可見，杜順具有開導異類眾生的特殊能力。其他尚有許多神異記載，就不再贅述了。

杜順很會運用神異能力治病，以及開示正理來感召鬼神與巫覡。杜順感通冥陽兩界，名聲遠播於朝廷與民間。很多人貪求其財物，杜順並不關心此事，隨緣使用，內心淡泊，只穿著破舊衣服，沒有多餘物品；即使聽到人家批評他，只是大笑以對，不與人爭的心志如此超然。皇上景仰他的德行，請入宮中，恭敬供養；王公貴戚、高官重臣都依他歸依受戒，持守不犯。

貞觀十四年（西元六四〇年），杜順全無疾痛，將一生以來所修行法門囑累弟子，期許他們繼承運用。說完，就如平常那樣禪坐入定，圓寂於南郊義善寺，世壽八十四歲。臨終之際，有兩隻鳥飛進房內，悲切哀鳴。

眾人將其肉身送往樊川北邊平原，挖掘洞窟安置；他的肉身經過月餘仍如生前，安坐三年骨骸不散。自其臨終以來，恆有奇香瀰漫骨身周圍。徒眾們擔心會有外來破壞，於是藏入龕內。僧俗四眾在擇定的吉日前來參與供齋，人山人海。澄觀《華嚴經疏鈔．卷十五》提及，杜順的全身舍利塔安奉在長安南方的華嚴寺。（關於杜順大師的事蹟與影響，可參閱高僧傳系列之《帝心杜順：華嚴宗初祖》）

讀完道宣所記杜順傳略可發現，其焦點置放在神異感化事跡，全未述及他修學《華嚴經》的經歷。杜順圓寂前囑咐的一生所行法門究竟為何？傳記中並無明示。參照其他佛教文獻，方可窺見杜順推重《華嚴經》的重要線索——他指引弟子研讀此經。

《華嚴經傳記．卷四．樊玄智傳》說他十六歲出家，然後投入神僧杜順門下修習特殊行門；杜順要他專志讀誦《華嚴經》，勸勉他依照此經修學普賢行。樊玄智後來棲住某處石窟二十餘年，白日讀誦《華嚴經》，夜間修習禪觀。

《續高僧傳》中並無華嚴二祖智儼的個人專傳，而是附記於杜順傳記最後的簡單數語：「弟子智儼常住至相寺。他幼年即奉敬杜順，謹遵教誨，智慧表現高超出眾；在京城大展功績，經常宣說《華嚴經》、《攝大乘論》。他常到杜順所建禪窟化導民眾，其師風操事跡因此不致消散。」此段指出，智儼專研與弘講《華嚴經》，應啟蒙於杜順的佛法教導。

《華嚴五教止觀》篇末附有一篇〈終南山杜順禪師緣起〉，述說杜順為文殊菩薩化身。這個故事大抵出於後世渲染的傳說，亦可視為華嚴宗人對其初祖神異形跡的想像。在華嚴學人眼中，杜順就像文殊菩薩一樣，示現奇跡、啟示華嚴法界智慧。

故事內容是說，杜順禪師有位弟子奉事他三十年，常想前往五臺山禮拜文殊菩薩。某日，他忽然向杜順和尚徵詢此事；老師再三苦留不成，就放他前去，並說：「汝去了早點回來，我等你。」

弟子歷經一個月才到達五臺山，至誠頂禮。忽然遇到一位老人，問明來意，老者說文殊菩薩不在這裡；弟子問在何處，老人回覆說在終南山，就是杜順禪師。老人說弟子雖然奉事他，卻從來不認識，並要他火速回去，夜裡趕到便可相見，若隔天就看不到了。

弟子相信這番話，即刻返回，很快抵達京城；不過，他在城裡拜訪善知識耽擱一些時間，城門關閉了。第二天鼓聲響起立即出城，急行回山，杜順和尚已在前一夜圓寂了。

署名杜順所作的《華嚴法界觀門》，是各階佛法教理的觀行法門，分為「真空觀」、「理事無礙觀」、「周遍含容觀」三門，融貫般若空義與華嚴思想為一體。其中，「周遍含容觀」開啟了事事無礙的法界圓融觀法，是華嚴法界觀的最高層次，觀照圓教的真理境界。

通過「理事無礙觀」，每一個事法全體是理，各各事法由此是普遍相即、相互滲透的。譬如，對海面上各個波浪延伸到極致，便是大海全體；每個波浪全體是大海，卻波波不相妨礙。

至於「周遍含容觀」，則各各事法都是交相含攝、透入的。一法遍入一切法，一切法遍入於一法；一法含攝一切法，一切法含攝於一法。如此周遍進入，相互含容，圓融無礙，重重無盡，這是圓滿解說的法界實相。

智儼慧悟開玄門

《華嚴經傳記．卷三》記載，釋智儼，俗姓趙，天水（今甘肅天水）人。祖父為人志向高潔；父親是州級監察官員。母親曾夢見梵僧手把錫杖，對她說：「趕快齋戒，清淨妳的身心。」驚醒以後，聞到一股異香，便有了身孕。這是關於智儼入胎的神異傳說。

等到智儼出生數歲以後，宿慧與善根超出一般兒童。他有時堆疊土塊為佛塔；有時編織花朵成花蓋；或是招來同輩為聽眾，由自己擔任法師。如此之類的外顯敬信表現，暗示他與佛教的深厚因緣。

十二歲時，神僧杜順忽然來到、進入他家，撫摸智儼的頭頂向其父親說：「這個小孩可以還我了吧！」父母知道他有道行，欣然接受，毫無吝惜。雙親對其出家之事，可能早有心理準備。

杜順就把智儼帶到至相寺，託付給高徒達法師，請他幫忙調教，讓智儼日夜誦持經典，就不再過問。後來，適逢二位梵僧遊歷到至相寺，見到智儼異常聰穎，於是教他梵文，不久後便頗為純熟。梵僧向僧眾說：「這個小孩未來會是弘法師匠。」

杜順擁有特殊的識人能力，發掘了智儼，並為他安排適當的佛法修學途徑。他要達法師教導智儼日夜誦持經典，《華嚴經》應當包含其中，就像他指點樊行智讀誦《華嚴經》那樣。

智儼在十四歲時出家，遭逢隋朝末年，百姓處於飢荒亂世。智儼雖然年紀不大，但志向高遠而堅定。後來跟隨普光寺的法常聽聞《攝大乘論》，沒過幾年，就能對文句做出精微解釋；法常會在優秀法師聚集的場合，讓他闡明義理。眾人稱歎他的智慧領悟，實為天縱英才。

受具足戒以後，又聽講《四分律》、《迦旃延論》、《毗曇論》、《成實論》、《十地經》、《地持經》、《涅槃經》等佛典。後來又到琳法師（靜琳？）處參學，廣學經論，用心驗證，探求隱微義旨，當時眾人稱讚他深得法意。

佛典法門浩瀚、智慧大海深邃，廣涉並精研各類經論的智儼卻不知應以何宗旨為依歸？於是他到經藏前，禮拜而立誓，隨手抽取，得到《華嚴經》第一卷。他立即拜在至相寺智正法師座下，聽受這部深妙的經典。雖然研讀以前曾聽聞的經典，常獲得新的理解，但歲月過得很快，許多疑惑仍未消除，智正對《華嚴經》的法義講解似乎未能消釋他的疑問。

雖說智儼似是抽到《華嚴經》後，才決定向至相寺智正學習《華嚴經》；但傳記中也說過，他曾經聽聞此經，或許是杜順當初帶他到此寺讓達法師教他讀經的時期。另外，他可能師從過的靜琳法師，亦是講說《十地經論》的著名學者。

為了化解義理困惑，智儼於是遍閱藏經，探求各種解釋。他研讀光統律師的《華嚴經》疏解，稍微開出不同的理解方向，說明《華嚴經》是「別教一乘」的無盡緣起教理；他欣喜地鑑賞領會，了知經典的綱領大義。

後來，遇到某位神異僧人對他說：「你想要了解一乘義理的話，《十地經論》中的「六相」法義，切不可輕忽；可在一兩個月期間，禪修思惟其義，當可自知。」說完就忽然不見了。

他驚訝良久，因此用心鑽研，不滿兩個月就大開慧悟，於是樹立教理宗旨，撰寫經疏。那年他二十七歲。又經過七日修道，祈問所注義理是否正確，而夢見神童蒙受印可。智儼此時仍然棲住山林，不與當時人相競。

到了晚年，智儼才接受皇儲沛王的邀請，到長安雲華寺弘法，使法輪常轉。到了總章元年（西元六六八年），他夢見寺院的般若臺倒塌；門人慧曉又夢見高幢上至天際，幢首的寶珠光明猶如白日，漸漸移動而來，進入京城便傾倒。這些不祥夢兆使智儼自知死期將至。

智儼捨壽前告誡門人說：「我這個如幻軀體從因緣而生，沒有自性。現在將暫時前往淨土，以後遊歷蓮華藏世界，你們要跟隨我同保這個志願。」沒多久，在十月二十九日夜裡，神色一如平常，右脇而臥，圓寂於清淨寺。世壽六十七歲。

智儼所撰寫、解釋各部佛教經論的義疏，共有二十餘種，都是簡略地注解章句，剖析辯明的觀點新奇，因而得以進入其門戶者甚少。現存歸於智儼的著述，最重要的是《華嚴經搜玄分齊通智方軌》（《搜玄記》）五卷，應即其二十七歲所作經疏，這是現存最古的六十《華嚴經》注釋書。
歸於智儼的著作尚有《華嚴五十要問答》二卷（顯慶四年（西元六五九年）移至長安雲華寺後所作）；《華嚴經內章門等雜孔目章》（《孔目章》）四卷（因書中引用玄奘所譯《大般若經》，故推定為隆朔三年（西元六六三年）以後的撰述）；《金剛般若經略疏》二卷。
另有著名的《華嚴一乘十玄門》，署名「至相寺釋智儼撰，承杜順和尚說」。現代學者對此書是否為智儼所親撰持有不同見解，未有定論，於此仍依佛教傳統視為其著作。「十玄門」是詮釋華嚴一乘教理的主要論述之一，最早由智儼所開出。
有關智儼的華嚴思想特色，日本學者木村清孝從「判教論」、「法界緣起」、「十佛說」三方面來說明。（註五）
智儼將《華嚴經》判為「頓、圓」二教，此點應是受慧光影響。又依真諦所譯《攝大乘論》與世親釋論，在小乘、三乘、一乘之中，判《華嚴經》為「一乘」教。又有「五教」判釋，於其晚年所著的《孔目章》中立小乘、初教、終教（熟教）、頓教、圓教（一乘）；此種五教分判後來為法藏所承襲與確立。

華嚴的一乘教法表達「一即一切，一切即一」的無盡緣起義理。另外，在一乘教之中分出同（共）、別（不共）二教；華嚴是超越三乘而不共三乘的「別教一乘」，非如《法華經》「同教一乘」的包含三乘、會三歸一。

關於「法界緣起」的大義，《華嚴一乘十玄門》主張，顯明一乘緣起自體法界的意義，不同於大乘、二乘的緣起只能遠離執取斷、常等過失，此（華嚴）宗旨並非如此；一即一切，沒有任何過失不遠離的，沒有任何法是不同的。

姑且就《華嚴》一經的宗旨總括地解明法界緣起，不過是自體的因與果。所說的「因」，意謂方便因緣的修行，使自體達於窮盡，階位圓滿，也就是普賢行。所說的「果」，意謂自體的究竟，寂滅的圓滿果證，也就是十佛世界海，及〈離世間品〉所顯明的十佛義。

「十佛」是從十個視角來思惟如來證果時的究竟佛身；「法界緣起」是由普賢行的因及十佛境界的果所展開的圓滿真理世界。《華嚴經．離世間品》說：

> 佛子，菩薩摩訶薩有十種見佛。何等為十？所謂：於安住世間成正覺佛無著見；願佛出生見；業報佛深信見；住持佛隨順見；涅槃佛深入見；法界佛普至見；心佛安住見；三昧佛無量無依見；本性佛明了見；隨樂佛普受見。是為十。若諸菩薩安住此法，則常得見無上如來。

此十種見佛意為：「無著佛」，由安住世間成就正覺而見；「願佛」，由（乘願）出生而見；「業報佛」，由深信而見；「住持佛」，由隨順（世間）而見；「涅槃佛」，由深入體證而見；「法界佛」，由普至（一切處）而見；「心佛」，由安住（真性）而見；「三昧佛」，由無量無所依而見；「本性佛」，由（智慧）明了而見；「隨樂佛」，由普覆（有情）而見。

此外，在《孔目章》與《華嚴一乘十玄門》用「十玄門」的十個面向來開顯法界緣起的無盡圓融意涵。智儼所提出的「十玄門」稱為「古十玄」，為法藏所繼承，用於其早年華嚴著述中的義理詮釋。法藏後來對其中幾項的名目與順序進行合理調整，稱為「新十玄」，成為華嚴教學的主要思想理趣。

智儼的華嚴思想是否由杜順所傳？從其傳記讀來，杜順傳授禪修觀法，似未直接為他講解經典文義。然而，在智儼學習華嚴佛學的關鍵時刻，常有奇跡出現，尤其是神異僧人指引他關注「六相」的研究，而於教理有所突破，會令人聯想到杜順在冥冥之中的點撥。依據《續高僧傳》所記，智儼自幼謹遵杜順的教誨；在恩師圓寂之後，仍常回到他的禪窟寺院教化民眾，對師尊教育恩澤的感念不言可喻！（智儼傳記可參考慈濟高僧傳系列：《智儼大師》）

【註釋】

註一：以上有關《華嚴經》各類經本的歷代漢譯資料，參見釋印順，《初期大乘佛教之起源與開展》，臺北：正聞出版社，一九八一年初版，頁九九九至一〇一〇；及龜川教信著，釋印海譯，《華嚴學》，高雄：佛光文化公司，一九九七年，頁四十八至五十二。

註二：釋聖凱，《南北朝地論學派思想史》，北京：宗教文化出版社，二〇二一年，頁一一二至一二九及一九六至二〇五。

註三：湯用彤，《隋唐佛教史稿》，南京：江蘇教育出版社，二〇〇七年，頁一二八。

註四：依據智顗《法華文句》對《法華經》全經的結構分析，前面十四品是釋迦牟尼佛以應化身在娑婆世界示現人類形跡，教化聲聞弟子歸入一乘，稱為「跡門」；後面十四品顯示過去久遠時前已成就的真實佛身，至今仍住在靈鷲山淨土，教化大菩薩，稱為「本門」。

註五：木村清孝著，李惠英譯，《中國華嚴思想史》，臺北：東大圖書公司，一九九六年，頁七十八至八十四。

第二章　智儼接引探華嚴

時智儼法師於雲華寺講《華嚴經》，藏於中夜忽覩神光來燭庭宇，迺歎曰：當有異人弘揚大教。翌旦就寺瞙已因設數問，言皆出意表。儼嗟賞曰：比丘義龍輩尚罕扣斯端，何計仁賢發皇耳目。

賢首法藏（西元六四三至七一二年）為唐朝一代高僧、華嚴宗的實際創立者。他智慧超群，宿殖善根，通達佛典教理，參與《華嚴》譯業，辯才無礙，堅志勤修，實為法門龍象，並為帝王善巧說法，弘法護法，功績甚偉！

初唐京城長安的佛教發展遞嬗，先有地論、三論的弘揚，後有法相唯識學的崛起，再來便是華嚴佛學獨擅勝場的時代，法藏為其領袖人物，世稱康藏法師、賢首大師、香象大師。

法藏大師的傳記資料，現存時代最早者當推武后則天朝官拜祕書少監的閻朝隱（西元六七二至七一二年）於法藏圓寂當年所撰寫的〈大唐大薦福寺故大德康藏法師之碑〉（以下簡稱〈碑文〉）。

其次，是曾經入唐留學的新羅文豪崔致遠（西元八五七至？年）於天復四年（西元九〇四年），在海東康州伽耶山（今南韓慶尚南道陝川郡伽倻山）海印寺華嚴院所書寫的《唐大薦福寺故寺主翻經大德法藏和尚傳》（以下簡稱《法藏和尚傳》）；此傳根據佛教文獻中所記法藏事跡的片言資料撰集而成，時間約在法藏圓寂後兩百年。

再者，清涼澄觀撰述之《華嚴經隨疏演義鈔》，在卷十五也自「別錄」摘錄一些法藏事略。又，《宋高僧傳．卷五》立有〈釋法藏傳〉。

綜合以上這些資料，可對法藏的生平、著述與弘教功績獲致大體了解。

康國後裔佛緣深

法藏出生於唐太宗貞觀十七年（西元六四三年）十一月初二日，俗姓康氏——因祖輩來自康居國，而得此姓氏，其先祖累代相承為康居國丞相。他的祖父從西域遷移到唐地，僑居長安；父親獲朝廷贈與左侍中官銜，類似於皇帝身邊的顧問。

法藏出身於官宦之家，受到相對良好的教育。其家族血統與康居的密切連結，或許是接觸佛教的一大契機。中國歷史上許多著名的譯經師，諸如康僧會、康巨、康孟詳、康僧鎧等，都具有康居國的淵源，他們可自中國文化以外的視域來思惟佛教法義。

康居國在南北朝時代已經消亡，此時續存者應指「康國」，即隋唐時代的撒馬爾罕（位於今日烏茲別克斯坦）；其從河西走廊播遷來此，人種為粟特人。

《隋書．西域傳．康國》說，康國是康居的後裔，遷徙無常，不固定在舊地，自漢朝以來相承不絕。其國王本姓溫，月氏人，故地在祁連山北邊的昭武城（今甘肅張掖市臨澤縣），因遭匈奴所攻破，向西越過葱嶺，在此地建立他們的國家。

他們有胡人律法，安置在祆教廟宇，懲處犯罪時就取用來斷案。國人長相都是深目高鼻，多留鬍鬚；善於經商，西域各國交易，多來此地。有大小鼓、琵琶、五絃、箜篌、笛等樂器。國家設立祖廟，在六月祭祀。百姓信奉佛教，書寫用胡人文字。

氣候溫和，適於五穀，勤耕果園菜蔬，樹木茂盛。出產馬、駱駝、騾、驢、犎牛、黃金、鐃沙（石油精）、香、阿薩那香、瑟瑟（碧綠寶石）、麖皮、氍毹（毛織品）、錦疊（棉織品）。多產葡萄酒，富有人家有的儲藏千石，多年不壞。隋朝大業年間，開始遣使上貢地方特產，後來就中斷了。

藉由以上描述，可以想像法藏祖籍地的異域風調。生在外僑家庭，常聽聞父祖輩們談論故國風習，他或許自幼獲得薰陶。比較值得注意的是，康國王族的主要宗教信仰是來自波斯的祆教（拜火教），但百姓信仰佛教者亦不在少數。

康國在書寫方面使用「胡書」，大抵指西域文字的粟特文（Sogdian），可能也包括印度文字。東西交匯的文化脈絡，有利印度佛典的接觸與學習。法藏得以快速深入佛教經論，及具備參與佛經譯場的語文能力，應與如此的國族背景不無關係。

《法藏和尚傳》評論說，康居國土接壤天竺，人民類同印度，多出如獅子般的優秀人才，能繼承佛陀法王。法藏之弟寶藏亦以忠孝聞名，在中國擔任官職。崔致遠認為，這是根植於種族的優良遺傳。他由此推想：這難道不是隱喻著法藏會出於廣大心志，誓願觀察一切法都為真如，而窮究其源底嗎？他肯定法藏的康國基因會為其佛法修學帶來優勢。

康國的人文環境在某種程度上或適於印度佛教的學習；然而，崔致遠身處遙遠的東亞漢文化圈，欣賞西來的佛教，對於印度與西域似乎存有過於美好的文化想像。佛教在康國其實並非主流宗教；儘管如此，相較於中國，他們的文化傳統與印度較為接近。

依《大唐大慈恩寺三藏法師傳．卷二》所記「颯秣建國」（唐稱康國），玄奘路經該國之時，國王與百姓不信佛法，而信仰拜火教。國中雖有兩座寺院，並無僧人居住；有外來僧人想要投宿，胡人就會用火驅趕。

玄奘剛來到的時候，國王相當怠慢；玄奘便為其開示人天的因果、讚佛的功德、恭敬的利益等教義，他聽了以後大為歡喜，請求接受供齋，熱情款待。他們敬重玄奘這位外來宗教師的德行與教誨，而願意相信佛教，舉行大齋會，度人出家住在寺中。

有寺院的存在，代表此前佛教曾經流傳過；但由於宗教之間競爭的白熱化，於近期遭受異教的莫大壓制。無論如何，從玄奘的自身經歷來看，康國人對外來宗教文化的有益內涵抱持開放容受的心態。

法藏的入胎與出生，相傳都出現了祥瑞兆相。《法藏和尚傳》說，其母親夢見吞入日光，隨後受孕，嬰兒在貞觀十七年的「暢月旁死魄」之日出生。日光是白晝最大的光明，表徵著大智慧；這個夢兆預示，有大智慧者前來投胎。對於偉大宗教人物的傳記書寫，會呈現一些不尋常的徵兆，以示其不凡來歷，光明是常見的象徵元素。

法藏是在農曆十一月初二日生，「暢月」指十一月，初二為「旁死魄」。初一朔日月亮無光，所以稱為「死魄」；初二的月相略有微光，故稱為「旁死魄」。這樣的記時方式是基於文人的學識，也在特意暗示從黑暗中開始出現光明吧！

華嚴四祖澄觀在《華嚴經疏鈔．卷十五》解釋「神光入宇」之句，說明法藏一生逢遇三次神光顯現。第一次是其入胎時的瑞相：「最初賢首國師的母親夢見神奇光明而受孕，這是第一度光明。」

第二次是其師智儼講說《華嚴經》所現光明：「智儼法師在雲華寺講說《華嚴經》，賢首國師到了半夜忽然看見神光來照明房舍；賢首法師讚歎說，必有特殊之人弘揚廣大教法。隔日，遇到智儼和尚，從此以後服膺老師，深入無盡教理。這是第二度神光入宇。」

第三次是法藏講說《華嚴經》所示現的光明奇景：「後來，他在雲華寺講經，有光明顯現，從口中發出，沒過多久即形成傘蓋，為眾人所知所見。」澄觀是在千里法師所編撰的法藏《別傳》中找出這三次的神光照耀事例，象徵法藏的善根因緣與佛學成就非比尋常。

關於法藏的名字，《法藏和尚傳》說：「釋法藏，梵語名為『達摩多羅』，字『賢首』，梵語名為『跋陀羅室利』；皇帝頒賜名號『國一法師』。」這裡說道，他的姓名是「法藏」，梵名 Dharma-dhara，意為「持法者」。「賢首」是他後來所取的字號，中宗皇帝所賜名號則為「國一」，取意「國中第一」。這裡應注意的是，「賢首」的別號非武則天所賜。

「賢首」（Bhadra-śrī）源自《華嚴經．賢首品》，講說初發菩提心的重大意義。「信為道源功德母，長養一切諸善法，斷除疑網出愛流，開示涅槃無上道。」這首膾炙人口的偈頌即出於此品。法藏於《華嚴經探玄記．卷四》說：「吉祥勝德超絕為『首』，當體至順調柔曰『賢』。」「首」的梵文 Śrī，有吉祥、勝德之義；「賢」的梵文 Bhadra，是賢善的意思。

法藏幼年時代的活動已無從稽考。祖上來自康國的家世淵源，似乎有利他對西域文化的認識，也對外來的佛教信仰保有較為開放的態度，或許佛教就是他們家傳的宗教信仰。這與他在人生過程之中很快就歸心佛教、立志學法，以及樂意與外國僧人交流，應不無關係。

〈釋法藏傳〉對法藏的品評用語是「風度奇正，利智絕倫」，意謂他的儀態氣度典雅端正，帶有不凡的氣質；智慧根機很高，超越眾人之上。法藏能悠游於世間與出世間，確實是罕有的天縱奇才。

法藏擁有良好家世背景，具備人生發展的優渥條件；若於世俗經營，當為一方領袖人物；若是出家為僧，必成法門棟梁之材。由於他過去世所積累的善根深厚，加上籠罩於長安的發達佛教氛圍，內因外緣具足，而走向出世道路。

根據〈碑文〉，法藏在十六歲時於阿育王舍利塔前，燃燒一指供養佛陀。《阿育王經．卷一》記載，印度聖主阿育王發心廣造佛塔，方便世人禮拜供養，於是率領軍隊前往七處釋迦佛舍利塔，打開佛塔取出舍利，然後返回本國，將佛陀舍利分裝在八萬四千個瓶子，連同寶函與幡蓋，交由疾捷夜叉送往世界各地建立佛塔。

唐代法琳所撰《破邪論．卷上》提及，當時的洛陽、彭城、扶風、蜀郡、姑臧、臨淄等地都有阿育王舍利塔。法藏所參拜者就地緣關係來看，當是位於扶風這座（於今陝西扶風法門寺）。後來，法藏也曾擔當迎請佛指舍利入宮供養的大任。

「燃身供佛」的典故出自《法華經．藥王菩薩本事品》；菩薩行者願意用最珍貴的身體（等同生命）來供養佛陀與經法，呈現最為誠摯的感恩之心。中國佛教多位祖師受到啟示，亦藉燃燒身體某個部分來供養，表達修學佛法的堅定志願。

《佛祖統紀．卷二十九》提及，法藏前去參拜位於四明（今浙江寧波）的阿育王舍利塔，燃燒一指供養，誓願修學《華嚴經》。法藏從西安遠去四明甚不可能；此處的記載，反映了宋代天台佛教盛弘於東南地區的習慣認知。清代續法所輯《法界宗五祖略記》即標明所禮拜者為「岐州法門寺舍利塔」，並說明燃指是為了立誓學習《華嚴經》，這是重要的補充訊息。

對於法藏出生到少年時代的生平事略，史料無載，所能知者就只有這些。非凡之人當有其不平凡的成長歷程，即使已無由知曉，亦可由果推因：他應當很早就觸動佛緣，認真探索一段時日，才會厚積薄發，十幾歲即隻身入山訪道。

服膺智儼習華嚴

初唐時期的長安是佛教人文薈萃之地，也是中印文化的匯流中心，孕育出為數眾多的教門高僧。依日本天台宗僧侶圓仁所撰《入唐求法巡禮行記．卷四》記載，長安城內有佛寺三百餘處。《長安志．卷七》引用韋述於開元年間撰成的《兩京新記》，說長安城內各坊有僧寺六十四所、尼寺二十七所，這是相對保守的數字。

學者根據《續高僧傳》與《宋高僧傳》的資料，統計得唐代大約有二百六十三位高僧常住或住過長安寺院；這只是名列為「高僧」之數，無法囊括所有在長安活動的僧眾。（註一）佛經譯場主要設置於長安，加上環繞周邊的佛寺與僧眾，可說佛教義學的濟濟之士多匯聚在這個區域。

三論宗的創始人吉藏，於唐高祖武德元年（西元六一八年）膺選為中央僧官「十大德」之一，駐錫過京師的實際寺與定水寺；後來受齊王禮請進入延興寺，直至圓寂，葬在長安南邊終南山的至相寺北巖。

唯識宗的靈魂人物玄奘，自貞觀十九年（西元六四五年）從印度歸國以後，先後在長安城內的弘福寺、大慈恩寺譯經及弘揚法相唯識學說。晚年還移到長安北方的玉華宮（遺址在今陝西銅川），譯經六年多，圓寂於該處，安葬在白鹿原（西安東南）。後來遷葬到樊川北原（少陵原，於今西安城南），建玄奘靈塔與興教寺。

淨土宗的善導大師在其師尊道綽圓寂後，就轉赴長安，在慈恩寺宣揚淨土念佛法門，歸信者眾。圓寂後安葬終南山，於該地發展成淨土宗祖庭香積寺（於今西安神禾原）。

律宗創始者道宣律師常住終南山淨業寺，曾於短暫時間參與玄奘在長安城內的譯場。華嚴初祖杜順晚年隱棲於終南山，二祖智儼常住終南山至相寺，晚年遷至長安雲華寺講經，往來兩寺之間。

北禪宗的神秀禪師及普寂、義福師徒，都曾在長安大闡禪法，受帝王恭敬。後有密宗「開元三大士」的善無畏、金剛智、不空，駐錫於大興善寺、大慈恩寺、大薦福寺等名剎。

長安可說是漢傳佛教多數宗派的祖庭鍾聚之處，法藏在長安文化圈中獲得佛教薰陶，可資參訪的善知識眾多。顯慶四年（西元六五九年），十七歲的法藏與起訪求良師的強烈心志，參學過長安城內的多位法師，感慨他們傳授義理而修證不深；於是辭別雙親，隻身前往太白山（終南山最高峰）追尋佛法。

他棲居山林數年，學習道教服食（服用丹藥）方術，及研讀大乘經典，包括《華嚴經》。後來接獲母親染患病痛的信息，離開山居之地，返回京城，盡心盡力孝養至親。法藏歸返長安城的具體時間不詳。如此，結束其第一個階段的求道之旅。

在終南訪道這個時期，他同時探求佛教與道教，服食應是為了延長壽命，以爭取較多時間達到對佛法的深層領悟。天台智顗的老師南嶽慧思在其〈立誓願文〉中，即表明借助道教長生之術以便成就大乘佛教的智慧禪觀。

相傳，淨土宗祖師曇鸞本來追求長生仙道，逢遇菩提流支授與《無量壽經》這部不死法門，才燒毀仙經，矢志投入淨土修學。可見，只要確立與堅持大乘佛教的菩提心與正知見，印度與道教仙術的健體延年修煉方法與佛法追求並不衝突。

唐代本是儒、釋、道三教同時盛行的多元包容文化語境，在朝廷由皇帝擔任主持人，展演三教論辯的舞臺。終南山是陝西省秦嶺山脈中段，位於長安以南約五十里處（約二十餘公里），又名中南山、太乙山，簡稱南山。此山自古以來即為道教與佛教的修行聖地，有仙都、天下第一福地之稱，山上多有隱修者。隋唐時期，佛教在此深耕有成。

鳩摩羅什來華譯經時，終南山圭峰下的大寺（草堂寺前身）及長安城北的逍遙園成為佛教兩大本營。北魏與北周二次佛教法難，有僧人率眾逃入終南山，以保全佛教實力。在遭遇戰亂之際，終南山成為可供暫時安頓的修行場所。當然，這裡是非常適合長駐修學佛法的阿蘭若道場。

除了天台宗、禪宗、密宗之外，其他中國大乘宗派都可在終南山及其周邊找到代表性的祖庭，諸如三論宗的草堂寺、唯識宗安奉玄奘靈骨的興業寺、華嚴宗的至相寺與華嚴寺、律宗的淨業寺、淨土宗的香積寺等，可見此山佛教風氣之鼎盛。

智儼法師在顯慶四年（西元六五九年）左右受沛王之請，從終南山至相寺來到長安城內的雲華寺宣講《華嚴經》。法藏歸返長安奉侍母病期間，正好趕上這個難得值遇的妙法嘉會。只能說冥冥之中自有安排吧！

《法藏和尚傳》記載，法藏在某日中夜忽然看見神奇光明照明了他的房舍，就讚歎說：「必定有高明之士在弘揚廣大教法。」隔日早上，前往寺院禮拜以後，順勢向智儼請教幾個問題，所說話語都出人意表。智儼讚賞說：「深通法義的比丘尚且罕見叩問這些疑難，沒想到閣下竟能開闊視聽。」

有人稟告智儼說：「這位居士棲居山林，修煉服食之術，已研究《華嚴經》一段時間。為了奉事慈母，暫時回到這裡。」法藏既已飽餐智儼的精妙解說，認為找到自己的真正老師；智儼同樣非常歡喜，他的華嚴學說獲得有能力的傳燈之人，自此就給法藏預留一個弟子的位置。

〈碑文〉對此則記述如下：

聞雲華寺儼法師講《華嚴經》，投為上足；瀉水置瓶之受納，以乳投水之因緣。名播招提，譽流宸極。

其意為：法藏聽聞雲華寺智儼法師講解《華嚴經》，投入其門下，成為高才弟子。就像將水傾注於瓶中，他對所學完全受取；正如將乳投入於水中，為交融合一的因緣。法藏的名聲傳布於佛教界，聲譽遠聞於朝廷。

由於碑文用語過於精簡與跳躍，省略掉中間過程的許多資訊。法藏出家為僧的經歷並非如此諸事順利，無法出家更是修學菩薩道廣度有情的一大障礙。當時披剃出家的機會難遇，但有眾多善緣護持法藏的佛教修道事業。

唐代段成式（西元八〇三至八六三年）所撰《酉陽雜俎．續集卷五．寺塔記》記述法藏到雲華寺拜見智儼的故事：大同坊靈華寺（應為雲華寺，原名大慈寺），大曆初年（西元七六六年，此時間誤置），僧人智儼講說經典，天上降下雨華，接近地面而消失，夜裡又有光明照亮房室，因而敕令改名為「靈華」（雲華）。法藏原本住在靖恭里氈曲（造氈業集中區），忽然見到光明如車輪，眾人同時看見，於是循著光明而來到智儼講經地點，光即消失。

後來，法藏也奉詔在這座寺院開壇說法，將老師的《華嚴經》弘化事業發揚光大。在法藏活動時代五、六十年之後，雲華寺還流傳著這個故事，華嚴道場的印象深刻植入人心。

原名大慈寺的雲華寺創建於隋代，因前面提及之事跡，因此改名為靈（雲）華寺，智儼亦有「靈（雲）華尊者」之稱。學者考證，此寺可能在隋代已有雲華寺的名稱，段成式的〈寺塔記〉混淆幾個故事而衍生穿鑿。（註二）

法藏初訪智儼的記事並未提到天上降花的事情，倒是《法藏和尚傳》記載，法藏在雲華寺講說《華嚴經》時，有光明從其口中發出，過沒多久即形成華蓋，為眾人所同見。

還有，法藏於延載元年（西元六九四年）於此寺中講到〈十地品〉，感得香風四面而來，五彩祥雲光明照耀，天界妙花空中撒落。唐中宗御製〈華嚴宗主賢首國師真讚〉所說的「講集天華」即指此事。

智儼受請到雲華寺講經，有時會回到終南山至相寺，法藏應會隨行聽聞《華嚴經》及接受教導。《宋高僧傳．卷四．義湘傳》記載，來自新羅的僧人義湘（相）二度入唐求法，於龍朔二年（西元六六二年）抵達至相寺，師事智儼研習《華嚴經》，與法藏為同學。

直到智儼圓寂後，義湘才於總章三年（咸亨元年，西元六七〇年）於登州（於今山東半島東端）搭乘海船返歸故國。《三國遺事．卷四》記載，法藏在崇福寺撰成《華嚴經探玄記》後，託由僧人勝詮抄寫送至義湘處（長壽元年，西元六九二年），請其參考指正；並附上信函，提到自從兩人分別已有二十餘年，甚感思念。由此可知，兩位華嚴宗師確實在智儼門下有過數年同窗交誼，地點即是至相寺。

法藏在出家前，曾向一位印度老法師求受菩薩戒。《法藏和尚傳》說，總章元年（西元六六八年），法藏仍為居士，親近一位長壽的婆羅門僧人，請他授與菩薩戒。有人向這位西來法師說：「這位行者誦習《華嚴經》，同時善於講說《梵網經》。」老法師驚訝而讚歎道：「單是持誦《華嚴經》，功德已難以思議，何況是能理解義理呢？如果有人能記誦一百四十條戒文，即是得到菩薩具足戒的人，無須煩勞別人授與，稱為天授師。」這是菩薩戒的「自誓受戒」觀念，表明法藏已具備菩薩戒師的實力。

菩薩戒屬於「增上戒」，必須先受過律儀戒，才能進受菩薩戒。律儀戒包括在家的五戒，及出家的比丘戒、比丘尼戒、式叉摩那尼戒、沙彌戒、沙彌尼戒。法藏身為佛教居士已受過五戒，因此具有資格求受菩薩戒。

《梵網經菩薩戒本．卷下》說明兩種得戒方法。其一是真誠發心於佛菩薩像前自己誓願受戒，必須七日在佛前懺悔，能見到祥瑞兆相，才算正式得戒。若是千里之內找不到授戒師，可用這種方法，持續七天、十四天、二十一天，甚至一年，以能見到吉祥瑞相為準。

另一種是在佛菩薩像前依止符合資格的法師受戒，不須見到祥瑞兆相，便能得戒。法藏是依循這個儀軌求受菩薩戒，但老法師判定法藏的修持功德已超越得戒的標準。此事反映了法藏對菩薩戒的重視與精修，也襯托出讀誦《華嚴經》的功德不可思議。

出家大事善緣成

一直到總章元年，智儼生命將盡，法藏時年二十六歲，追隨老師已經多年，仍為在家居士身分。智儼於是囑累道成、薄塵二位法師：「這位賢哲傾注心力於《華嚴經》，是無師而能自悟者；繼承與發揚佛陀遺法者，恐怕是這個人吧！」便將法藏出家之事寄望於兩位學養淵深的京城名德來玉成其事。

依《宋高僧傳．釋道成傳》所述，道成是位著名律師，於高宗顯慶年間弘揚《四分律》。他同時精通經論法義；垂拱年間日照三藏翻譯《大乘顯識》等經典，天后詔令十位學問僧人輔佐譯事，道成列名於「證義」。另在《宋高僧傳．釋圓測傳》附記，薄塵於日照三藏的譯場亦擔任「證義」職務。

法藏在終南山所讀誦的大乘經典以《華嚴經》為主，自然是東晉佛馱跋陀羅所譯的六十卷《華嚴經》。〈釋法藏傳〉說到，杜順傳授《華嚴法界觀》給弟子智儼，講授這部晉譯經本，智儼又將其付囑給法藏。

法藏在研讀《華嚴經》時留下許多疑惑，這次總算覓得能為他釋疑解惑的大善知識了。他與起在智儼座下出家的心願，智儼也希望這個高徒入門來傳承自己的華嚴思想。既然如此，為何只是為這位青年才俊預留出家席位，不儘快促成其事？這不得不考量唐代初期的嚴格出家制度。

唐代律法規定，出家必須經過國家批准，只能「官度」，不可「私度」，否則會遭到法律的嚴厲懲處。《唐律疏議．卷十二》「私入道」條規定，私自度人為道士、僧尼者，度人者與被度者各處杖刑一百下；如果私自出家，已注銷戶籍者，罪加一等，判處徒刑一年；如所屬州縣主管官員及所住道觀、寺院的三綱（管理寺院的三個主要職事）知情者，與私度者同罪。

那麼，出家要經過什麼樣的合法程序？一種是「童行度僧」的管道：經父母同意後先進入寺院，以在家身分擔任童子或行者，考察其品行與出家決心；成為童行者應由寺院指定依止師長，並向官府申報。

童行經過考核或策試佛經合格，方能剃度出家，此時為沙彌或沙彌尼。等到開設三壇大戒時，依法受具足戒，始成為合格的比丘、比丘尼。然而，受度出家的名額相當有限。

唐初開始對佛教採取嚴格管控制度，度僧人數不多，亦非每年度僧。《佛祖統紀．卷三十九．法運通塞志》記載，唐太宗貞觀元年（西元六二七年）正月，下詔京城具德行的沙門全進入內殿修行七日，度天下僧尼三千人。貞觀九年下詔，由於連續遭逢時局動亂，僧眾數量減少，華臺、寶塔無人照料，令天下度僧尼三千人，主管官員務必選取德業優良者上報。

《大唐大慈恩寺三藏法師傳．卷七》記載，太宗因長年在軍事與行政上勞心勞力，身體健康大不如前，於貞觀二十二年（西元六四八年）向玄奘大師請教，建立什麼功德利益最大？法師回答說：「眾生受愚痴遮蔽，不用智慧無法開啟；智慧芽苗的生長，佛法為其資助；佛法由人弘揚，因此度僧的功德最大。」

皇帝聽了非常歡喜，當年秋天九月下詔京城及天下各州寺院各度僧五人，玄奘所在的弘福寺度僧五十人；總計全國寺院三千七百一十六所，共度僧尼一萬八千五百餘人。

以前每隔多年才度僧一次，而且全中國三千多個寺院，每個寺院平均分配一人；經由玄奘的請求，才一度特別准許每寺度僧五人。

出家考試也有其難度，《大唐大慈恩寺三藏法師傳．卷七》記載，唐高宗顯慶三年（西元六五八年）下令，對童行者進行業行詮試，擬度僧一百五十人，由玄奘監管此事。具體考試內容無法得知，但可據此知悉對出家會進行嚴格的條件考評。《釋氏稽古略．卷三》提及，中宗神龍二年（西元七〇六年）下詔舉行全國童行經義考試，這是《舊唐書》最早的試經度僧記載。

《唐會要．卷四十九．雜錄》記載玄宗朝的策試制度如下：「（開元）十二年六月二十六日敕令主管官署，策試天下僧尼年齡在六十歲以下者，規定誦經二百張紙，每一年規定誦經七十三張紙，三年一試，不及格者還俗。」在這個時代想要出家實不容易，必須熟背規定經文，最快也要三年。雖然這是法藏以後才制定的法規，但應有其先前的歷史沿革。

另一種出家管道是「特恩度僧」，亦即為了特定的祈福目的——如皇帝和皇族的誕辰與忌辰、皇帝登基等重大慶典，特別恩准開放度僧名額。另外，由具有極高名望的佛門大德向皇帝上表推薦剃度優秀人才，亦可得特別恩准；例如，玄奘為其弟子善洛、法通、處儼等人請求特恩度僧。

法藏出家所走的就是「特恩度僧」渠道。咸亨元年（西元六七〇年），法藏時年二十八歲，皇后武則天的生母榮國夫人辭世；武后為了幫生母廣種福田，擬施捨宅院設立太原寺，舉行特恩度僧，擇取德行高尚的法師常住此寺。

值遇這個天賜良機，受智儼囑託的道成、薄塵等人聯名上狀薦舉，皇帝恩准此事，法藏終於如願得度出家，這是法藏出家的殊勝機遇。但是，他在這時剛出家，只是沙彌身分，仍等待受具足戒的因緣和合。

雖然智儼說法藏是無師自悟型的卓越人才，但法藏有緣長期追隨在大善知識身邊，獲得《華嚴經》法義的重要指導，打開了詮釋此經的深廣智慧視野。智儼早已將法藏認可為自己的佛學思想傳人，無論是在判教學說面或圓教義理面，法藏對師尊的華嚴學說都有明顯的繼承痕跡。

法藏自己研究《華嚴經》，具有很高的領悟潛能；然而，若少了智儼這位高明師父的點撥，佛學思想方面的進步就很難說會如此神速。法藏後來得以順利出家為僧，也出於智儼的預先安排；萬事俱備，等待東風吹起！

京城名德授具戒

法藏剃度出家的一大助緣，是武后為其亡母薦福而捨宅設立太原寺，想挑選佛門名德常住此寺。「太原寺」的名稱由來，是在唐高祖武德元年（西元六一八年），因義軍發起於太原（今山西太原），就在那裡建造太原寺，作為起義聖跡。除了太原之外，唐初又在長安、洛陽、荊州、揚州等地設立太原寺。

長安這座太原寺即由武后施捨唐初侍中楊恭仁舊宅所立。楊恭仁本為隋代皇室一族，在隋朝與唐高祖李淵為舊友；唐朝建立之後受到禮遇，屢建功績，曾擔任宰相職位，一門榮顯。武后母親楊氏即為楊恭仁叔父楊達的女兒。武后在母親過世之時，為了祈求楊氏及其夫婿武士彠（武則天之父）的冥福，將這處外氏宅邸改為寺院，命名為太原寺。（註三）

長安的太原寺又稱西太原寺，後來成為《華嚴經》的弘傳重鎮及重要的譯經道場，法藏功不可沒。此寺歷經多次的寺名更改，據《唐會要．卷四十八．議釋教下》所載，崇福寺位於休祥坊，本為侍中楊恭仁宅邸，於咸亨二年（西元六七一年，一說咸亨元年）九月二日，以武后外氏宅院建立太原寺。

太原寺一直是武后在長安的家族寺院，歷經多次的寺名變更。垂拱三年（西元六八七年）十二月改為魏國（西）寺，載初元年（西元六九〇年）五月改為崇福寺。武則天稱帝後，於長壽年間（西元六九二至六九四年）一度改為大周西寺，成為皇家寺院。

法藏在太原寺出家之後，尚未受具足戒，即遵承聖旨於該寺大開《華嚴經》講筵。武后在端午節時派遣使者，向他供養衣服等五件物品作為佳節禮贈，並表達問候情意，致書內容如下：

蕤賓應節，角黍登期，景候稍炎，師道體清適？屬長絲之令節，承命縷之嘉辰，今送衣裳五事，用符端午之數。願師承茲采艾之序，更茂如松之齡，永耀傳燈，常為導首。略書示意，指不多云！

這封情詞並茂的問訊書函，語譯如下：適逢五月節令，享用粽子時日，氣候逐漸炎熱，法師道體是否清涼安適？值此配帶長命縷的佳節，致贈衣裳等五件物品，以符應端午的數字。期願法師在此採摘艾草的節序之後，更增添如松樹的長齡，永久發出傳法燈明，恆常作為佛法導師。簡短書信表達情意，不再多寫了！

武則天在顯慶五年（西元六六〇年）以後，即因高宗罹患風疾，常頭暈目眩，而代理朝政；後來更是掌握朝廷大權，垂簾聽政，與高宗並稱為「二聖」。法藏出家之初，即便尚未受具足戒，不具比丘資格，但憑藉其教理與德行的超卓表現，權傾一時的武后已對他相當敬重。

有關法藏的出家生涯存在著一個疑問，就是他受比丘大戒（具足戒、滿分戒）的具體年代，各種佛教文史典籍記述紛紜。剃髮出家先成為沙彌，滿二十歲者可在舉行三壇大戒時進一步到戒場接受具足戒，是獲得比丘資格很自然的過渡儀式。

受了比丘大戒以後，才開始計算戒臘；每年合乎結夏安居規定則增長一臘，也就是正式成為比丘後的出家年歲。僧團裡面的長幼之序，是依照戒臘來排定的。再者，沙彌與比丘的地位相差懸殊，身為比丘始能收受徒弟與擔任住持，成為佛門的大法師。

閻朝隱在法藏圓寂當年所撰寫的〈碑文〉中，記述法藏在先天元年（西元七一二年）十一月十四日捨壽於長安大薦福寺，春秋七十，未提及受具足戒之事或是戒臘多少。與許碑文篇幅簡短，所欲呈現的德業功績繁多、不及備載，只好割捨「受比丘戒」這件再自然不過的事情。

崔致遠的《法藏和尚傳》摘示「享年七十，僧夏未悉」之句，「僧夏」就是戒臘；此處似乎不知其戒臘多少，令人聯想到法藏受比丘大戒的時間不太為人所知。為何不明示戒臘年數呢？

法藏受具足戒之事本來應無太大問題，既然都已特恩准他出家，並且蒙受皇帝與皇后的高度敬重，應不致忽略這個成為大僧資格的必要程序；否則，法藏在僧團的地位會受到質疑，開壇說法、擔任寺主與剃度門徒各方面都不具正當性。

南宋時代的佛教史籍才出現法藏受比丘大戒之事的重點訊息。《隆興編年通論．卷十四》、《釋門正統．卷八》、《釋氏通鑑．卷八》、《佛祖統紀．卷三十九》等，都對法藏受具足戒的時間與經過有類似的記載，元代佛教史籍沿用其說。

依時代較早的《隆興編年通論》（成書於西元一一六四年）所述，在武則天稱帝之後的萬歲通天元年（西元六九六年），下詔請沙彌康法藏於太原寺開示《華嚴經》宗旨。正在解釋經題，感得從其口中發出白色耀眼光明，沒經多久即形成一個華蓋，停留空中很長時間；現場大眾歡聲雷動，讚歎神異景象。隨後，都講僧恆將此事上稟朝廷，皇后武則天大悅，下旨命令「京城十大德」為法藏授「滿分戒」（即具足戒），賜與名號為「賢首」，同時下詔讓他進入大遍空寺參與實叉難陀新譯《華嚴經》的事業。

《釋門正統．卷八》的記載則為，法藏落髮後常住太原寺，輔佐于闐實叉難陀翻譯《華嚴經》成八十卷，受詔講解於佛授記寺。在講經之際，京城大地震動，光明自其口發出，升騰空中猶如華蓋。武則天詔令十大法師為他授與具足戒，賜與「賢首」名號，並禮請為菩薩戒師。

《佛祖統紀．卷二十九》的記載更形混淆。法藏在武則天朝為沙彌，由朝廷特恩受度。萬歲通天元年（西元六九六年）受詔於太原寺開講《華嚴經》宗旨，感得白光耀眼，自其口發出，不久後形成華蓋，萬眾歡聲雷動。寺中都講將其事上奏，武則天有旨，命令京城十大德為他授與滿分戒，賜號「賢首戒師」。受詔進入大遍空寺，輔佐實叉難陀翻譯《華嚴經》。聖曆二年（西元六九九年）十月奉詔講經於佛授記寺法堂，京師大地震動；當日，召入長生殿對談法義。

這些記載內容存在幾個重大疑點。首先，若依以上所載，法藏一直沒機會受具足戒，只是沙彌身分，直到五十四歲高齡才受具足戒？再者，為何唐代文獻全缺記載，當時人所不知的事情，南宋的人反而得以知曉？還有，所記幾起事件的時序錯亂與混淆。

為了調和這種明顯矛盾，清代續法在《法界宗五祖略記．三祖賢首國師》將法藏受戒時間提前到上元元年（西元六七四年），亦即先下旨令京城十大德為法藏授具足戒，然後下詔請他在太原寺講說《華嚴經》。如此一來，出家不久後即受具足戒，比較符合佛門規制；先取得比丘身分，再登壇說法。只是，如此改動並無歷史文獻依據。

有學者詳細考證這幾種佛教史籍的記載，指出並不可信；有個敘事發展過程，可整理出四大疑點：

首先是「太原寺」的名稱。如果故事發生在萬歲通天元年，此前太原寺已改過幾個寺名，這時稱為「大周西寺」。

第二，京城「十大德」的設置在法藏時代並不存在，可能在其圓寂後六十年左右才出現。

第三，「賢首」這個名號恐非武后所賜，而是法藏的雙親（老師）或他自己所取的字號。因為，《法藏和尚傳》一開始即說他「字賢首」，皇帝頒賜的名號則為「國一法師」。

最後，也是強力的證據，記述法藏被詔入大遍空寺協助實叉難陀重譯《華嚴經》。法藏可能並未參與在大遍空寺的第一階段譯經，而是在佛授記寺參預第二階段的證義與潤文工作。

經過詳細檢討這些佛教史籍的資料，提出法藏受具足戒之事無法取得堅實證據；較為可能的情況，反而是法藏的徒眾們杜撰了特殊的故事以證明法藏受過大戒之事，而且是在莊嚴場景中受戒。（註四）

此事關涉到法藏是否具備比丘資格的佛門大事，不得不辯。如此的詳細考證確實證明，南宋及其後的佛教史籍記載對歷史材料多所誤置，張冠李戴，甚不可靠。

然而，駁斥後人混雜資料編寫出來的記事，並不直接構成對法藏受具足戒一事的否定。唐代並未記載的史事，或是史料已經湮沒，考證工作即會受到很大的局限。

碑文與傳記未言及法藏的戒臘，或說「僧夏未悉」，與「未受具足戒」是不能畫上等號的事情。考察《宋高僧傳》的〈義解篇〉，對大多數高僧亦未記載其受具足戒或法臘之事。

其中值得注意的是，《宋高僧傳》說玄奘弟子窺基「春秋五十一，法臘無聞」，跟《法藏和尚傳》所記「僧夏未悉」，是類同的表達方式。窺基也是經由特恩度僧而出家，不知其戒臘多少，但從未見到對其比丘身分的質疑聲音。

又如《宋高僧傳．卷六》所記唐京師大安國寺的釋端甫，說他受具足戒於西明寺圓照律師，圓寂時俗壽六十七，「僧臘可數」；只說其僧臘可計算得知，而沒有提供明確的數字。

幫助法藏成就出家之事的道成與薄塵兩位法師中，道成本身就是著名律師，文綱、懷素等律學名家都曾在他座下聽講戒學；基於對戒律的嫻熟與嚴求，他應當不致忽略讓法藏受具足戒這等大事。

法藏受戒之事若發生在太原寺講經時期，那就是在他出家不久的時候。出家人受具足戒需要禮請三師七證的十位大德法師，後人可能誤將此事連結到「十大德」。

還有，當時受詔協助譯經的十位著名義學法師也被稱為京城「十大德」。《華嚴經傳記．卷上》提到，日照三藏在魏國西寺的譯場，就稱道成律師、薄塵法師等人為「十大德」。

法藏的出家與參與譯經之事，在武則天奪取政權成為女皇之前，不可能由她以皇后身分直接下詔，而是掌握朝廷權力的武后代理皇帝降下詔書。因此，對於由何人下詔之事，須要區分成武則天登基前後來看待，而南宋佛教史籍對此是籠統書寫的。

關於武后家族寺院法師受具足戒的過程，或可舉《大唐西域求法高僧傳·卷二》所記之貞固律師為例。他遍參名師，最後依止峴山恢覺寺澄禪師。澄禪師通達經論，精研律學，有很高的名望；蒙聖旨召入神都洛陽，住在魏國東寺（武后捨宅所立，原名〔東〕太原寺）。貞固年齡已過二十，就在禪師座下受具足戒。在這種名德匯聚的大寺院，安排十師授戒並不成問題。

其實，不說法藏具體戒臘年數還有一種可能。《大宋僧史略·卷下》「賜夏臘」條指出，武則天時代，道士杜義請求出家為僧；下勅恩准剃度，並賜給戒臘三十年。

原本，剛出家必須居於下座；如果賜給虛假戒臘，即刻變成長老。法藏或許也有這種情形，致使實際戒臘資訊不明。然而，對於有實力的高僧而言，此事不合佛門戒律規制，無須特意彰顯。

既然無法找到唐代質疑法藏之比丘資格的第一手文獻，筆者傾向相信他受過具足戒，這是佛門不可逾越的剛性儀規。佛教戒律規定嚴格，助成法藏出家大事的道成是著名律師，法藏出家後又深受朝廷敬重，有武后這樣的強力護持後盾；加上所住寺院名德眾多，湊足十位大德授與具足戒並非難事。

【註釋】

註一：魏嚴堅，《唐代長安寺院之研究》，臺北：文化大學史學研究所博士論文，二〇〇五年，頁二〇九至二一九。

註二：小野勝年，《中國隋唐長安．寺院史料集成．解說篇》，京都：法藏館，一九八九年，頁九八至一〇〇。

註三：小野勝年，《中國隋唐長安・寺院史料集成・解說篇》，頁一七三。

註四：Jinhua Chen, Philosopher, Practitioner, Politician: The Many Lives of Fazang (643-712). Leiden: Koninklijke Brill NV, 2007, pp.91-118.

第三章　帝后護法弘華嚴

我涅槃後、最後時分、第四五百年中，法欲滅時，汝於此贍部洲東北方摩訶支那國，位居阿鞞跋致，實是菩薩，故現女身，為自在主。經於多歲正法治化，養育眾生猶如赤子，令修十善……

法藏的出家得度及佛教事業，來自高宗、武后、中宗、睿宗等帝王與帝后的支持力量是重要的外緣，武則天的大力護持尤為關鍵。法藏一生研究與弘揚《華嚴經》，參與《華嚴經》譯場，以善巧方便為人主開示華嚴絕妙法義，與武則天的佛教信仰取向及積極護法活動有不少的交集。

名僧道安在教團大眾屢遭戰亂與飢荒逼迫的情勢下，向徒眾們感慨說：

「今遭凶年，若不依國主，則法事難立。」他認為，若缺乏安定的國家社會環境，則生存都出了狀況，佛法會很難流傳。道安並非意指佛教僧眾要主動去親附帝王權貴，如此實不合乎出離世俗的修道精神，而是點出國家安泰與佛教發展的雙向互利關係。

唐朝宗室因李姓與老子同宗，持有「道在佛先」的態度；武后出於宗教信仰與權力動機，扭轉成「佛先道後」的立場，給與佛教較大的發展空間。法藏如何善用這種友善佛教的力量以推行弘法事業，而不陷溺於名利虛榮，考驗著他的善根與智慧。

武后崇佛積福德

武則天生於唐高祖武德七年（西元六二四年），卒於神龍二年（西元七〇六年），是中國歷史上第三高壽的帝王。父親武士彠為隋末唐初官員，在唐代官拜工部尚書，封應國公。母親楊氏出生名門，其生父楊達為隋朝高官。

隋代宗室的楊姓家族信仰佛教，到唐初淪為亡國遺裔，但宗教信仰仍沿襲先世，武則天信仰佛教或許自幼得自母親的薰陶。武則天在〈三藏聖教序〉（收於《全唐文．卷九十七》）說自己自幼崇尚佛教，很早就希慕皈依。敦煌本《大雲經疏》提及，武后在幼年已穿過「緇服」（黑色僧服），可能意在形塑她親近佛教的善根印象，以期利用佛教爭取政治資源，卻也反映出佛教為其本來的宗教信仰。

貞觀十一年（西元六三七年），武則天以十四歲妙齡，因儀容優美與舉止端莊，被太宗選入後宮成為才人，屬於中等偏下的正四品嬪妃。這個職位可能需要具備文史知識，承擔一些文書工作。其後十二年中並未獲得升遷，似不得寵。然而，這個深宮後院的經歷應能幫助提升其才智與膽識。

太宗於貞觀二十三年駕崩，武氏時年二十六歲，與未生育的嬪妃一同送往感業寺削髮為尼。她在此時的出家之舉是被動的，無形中亦抹去了之前嬪妃身分的印記。

唐高宗李治繼太宗之位登基。他在太子時代曾入宮奉侍病榻的太宗，見到武氏而發生情愫，兩人暗中交往一段時日；她似乎頗工心計，受到這位年輕皇儲的愛憐。

永徽元年（西元六五〇年）的太宗忌日，高宗御駕前去感業寺上香，相傳兩人見面對泣。這件事情傳到王皇后耳裡，由於當時皇上寵愛蕭淑妃，皇后便想與武氏合作，於是多次向皇帝請願，想將其接回宮中，並傳話讓她在寺中蓄髮等待時機。

唐朝皇室源出山西，帶有一些北方少數民族血統，與許受其文化風俗的影響，子娶父妾比較可被包容；然而，漢地嚴格講究輩分的禮教文化必然對這種逆倫之事大加非議。武則天第一階段的佛教信仰於此暫告段落。

武則天被接回皇宮後，以極為謙遜卑下的態度服侍王皇后。皇后相當喜歡她，屢次在皇帝面前為她美言。很快地，她被立為正二品的昭儀。高宗後來轉而寵溺武氏，王皇后發覺情勢不妙，又尋求與蕭淑妃聯手，雙邊互相詆毀；但兩人敵不過武則天的高明手腕及皇帝的寵信，武氏再獲晉封為宸妃。

武則天看到王皇后所不待見的人，就會推心與其交往，並將所得賞賜與她們分享；所以，王皇后與蕭淑妃的動靜，武則天都能掌握，且稟報給皇上知聞，當然傳遞的不會是好話。

永徽三年（西元六五二年），武則天生下兒子李弘。由於王皇后未生男兒，其舅父中書令柳奭就為她獻策，趕在武氏產子之前，收養宮人所生的高宗長子李忠，急立為太子；因李忠的生母身分卑下，可由王皇后操控。

永徽五年，武則天又生下女兒。某日，在王皇后探視之後，她悶死自己的親生女兒，故布疑陣，嫁禍於皇后。高宗喪失愛女，悲痛大怒，王皇后快速失寵，高宗動起廢皇后、改立武氏的心思。後來又發生牽涉王皇后及其母親密謀的巫術咒詛事件，皇帝與皇后的關係越發緊張，宮廷因廢后議案而陷入兩個集團之間的鬥爭。

永徽六年，在元老重臣的強力批判聲浪當中，王皇后與蕭淑妃終究以「謀行鴆毒」之罪被貶為庶人。武則天如願以償，在三十二歲時獲冊封為皇后。武后與高宗兩人之間的不解情緣，及她籠絡人心的才智膽識與權謀手段，著實令人驚嘆！當然，處於宮廷叢林之中的殘酷生存法則也讓人深感同情，許多事情由不得自己。

唐高宗對道教與佛教都採取尊重包容的態度。他禮遇玄奘法師，護持其漢譯經典的事業。他曾經撰寫〈述聖記〉（收於《全唐文・卷十五》），褒揚玄奘法師在譯經上的重大貢獻。高宗朝特別重視佛教，應是受到武后某種程度的

影響。（註一）

武后信奉佛教，也研究佛理，建立寺院與供養佛像，支持佛經翻譯事業，算是修了許多功德。後來，她還想借助佛教來為自己登臨帝位提供正當性的依據。了解其佛教信仰態度與模式，有助於揭示她與法藏在推展佛教弘通方面的互動關係。

顯慶元年（西元六五六年）冬季，武后接近臨盆的日子，皈依三寶，祈求加持護佑。玄奘上書奏報，稱母子必定平安無恙；然而，如果生的是男孩，希望讓他出家。玄奘敢於如此稟報，顯然皇帝與皇后是虔誠的佛教信仰者。

數日後，玄奘見到瑞像，上表祝賀。不久後有聖旨回報法師，皇后已平安產子，相貌端正奇偉，神光充滿庭院；並說皇上會信守承諾讓他出家，希望法師護念加持，給他取名號為「佛光王」。後來，佛光王在滿月之時由玄奘剃度。

咸亨元年（西元六七〇年），武后生母榮國夫人辭世。武后將位於長安的外氏宅邸施捨出來，建立（西）太原寺，為雙親祈求冥福，反映佛教為其家族信仰。其母楊氏位於洛陽的舊宅，亦於上元二年（西元六七五年）立為（東）太原寺。

洛陽的太原寺原在教義坊；因武后在上陽宮即可望見，觸景傷情，於是將寺址遷移到積德坊。可見她與母親之間的濃厚親情，希望藉助佛教力量為其過世的至親消除業障與祈求冥福。

當上皇后以後，武則天參與朝政，並逐步掃除與她對立的朝中大臣。麟德元年（西元六六四年），武后開始垂簾聽政，過問朝中大小事，將高宗改稱「天皇」，稱自己為「天后」，人們將他們並稱為「二聖」。

洛陽龍門石窟奉先寺的盧舍那大佛，是依照《華嚴經》所造的報身佛，開鑿於咸亨三年（西元六七二年），於上元二年（西元六七五年）雕成。這尊佛像是高宗為了替太宗修功德而雕造，相傳武后布施了兩萬貫胭脂錢，依她的形像所刻。

永淳二年（西元六八三年）十二月改元「弘道」，高宗於當晚過世。武后第三子李顯在柩前即位為「中宗」，她成為皇太后，獨攬朝政。二個月之後又廢掉中宗，立自己的第四子李旦為「睿宗」。

武太后稱帝之心越來越強烈。唐室因李姓所尊崇的道教，及治理國政所依的儒家禮教，都對她以女子身稱帝構成障礙；在此情況下，佛教成為可資利用以創造神跡及提供理論的思想資源。

武則天最初是利用像儒教讖緯那樣的圖書符命，製造自己為天選帝王的祥瑞文書。據《新唐書．本紀第六．則天皇后》記載，在垂拱四年（西元六八八年），魏王武承嗣（武氏姪兒）假造祥瑞石頭，上刻「聖母臨人，永昌帝業」，託由他人上表稱說發現於洛水。武太后大悅，為自己加上「聖母神皇」尊號，製作神皇三璽，將石頭命名為「天授聖圖」，並前去祭拜洛水，接受圖書。

回宮後，武則天自垂拱三年開始規畫，拆毀神都（洛陽）宮中乾元殿所改建的明堂在此時落成。明堂是天子舉行朝會、祭祀、宣明政教的場所，本應位於都城南郊，武太后將其興建在皇城內。她將這座明堂命名為「萬象神宮」，附帶建造供奉佛像的「天堂」。

隔年正月，武太后以「神皇」之尊親自到萬象神宮祭祀，自己穿著禮服禮冠，腰帶插著大圭，手執鎮圭擔任初獻，讓皇帝擔任亞獻；又改元「永昌」，於明堂布政及訓誡百官。武氏這些舉措已大幅僭越自己的身分，侵犯到帝王的職權範圍。

借助佛教成女皇

除了利用圖讖符命，佛教更能為武則天稱帝提供具神聖性質的經典依據。

《資治通鑑．卷二〇三》記載於垂拱元年（西元六八五年），武太后修復洛陽白馬寺，由親信薛懷義擔任寺主。相傳，白馬寺是東漢時代攝摩騰、竺法蘭以白馬馱經來華時最早建立的寺院，有其特殊歷史地位。

薛懷義本名馮小寶，原在洛陽市場賣藥，靠著千金公主（唐高祖之女）的推薦，得到太后寵幸，為其改名。為了方便薛懷義出入宮中，不致落人話柄，便讓他落髮為僧。他位列公卿，恃寵而驕，橫行霸道，同時傾力幫助武太后登上帝位。

載初元年（西元六九〇年）七月，薛懷義與東魏國寺僧人法明等撰寫《大雲經疏》四卷，由法明上表奏報，假託佛經說太后是彌勒佛下生，將會替代唐朝成為「閻浮提」（Jambu-dvīpa，即南贍部洲，在此指大唐國土）的帝王。武太后下詔將《大雲經》頒布天下，敕令兩京諸州各建立大雲寺一所，收藏此經，及令僧人升高座講說經義。撰寫經疏的僧人雲宣等九人皆賜給縣公爵位及其他獎賞，這是僧人獲賜爵位與紫衣的開端。

法明所住的東魏國寺原為（東）太原寺，即是武則天施捨其母的洛陽舊宅所立，可視為其家族寺院。簡言之，薛懷義領著一個僧人團隊，為武后稱帝在佛經之中尋找依據，並且編撰經典注疏來渲染經本文義。

同年九月，侍御史傅遊藝帶領關中百姓九百多人到皇城上表，陳請改國號為「周」，賜皇帝為武姓。太后故意表示不准，但拔擢傅遊藝為給事中。接著，百官及帝室國戚、遠近百姓、四夷酋長、僧人道士共計六萬餘人，都上表如傅遊藝所請，皇帝也上表自請賜姓為武氏。當然，這一切都是排演好的。

幾天後，群臣上書陳說，有鳳凰從明堂飛入上陽宮，棲息在左邊樓臺梧桐樹上許久，之後向東南飛去；還有赤雀（傳說中的瑞鳥）數萬隻聚集在朝堂。不久後，太后同意皇帝與群臣的請求，改國號為「周」，以「聖神皇帝」為自己的帝號，遷都於神都（洛陽），改元為「天授」。

原本的皇帝變成皇嗣，賜姓武氏，原皇太子成為皇孫，又於神都建立武氏的「七廟」。七廟是天子的宗廟規制；也就是說，武后的兒子雖已當上皇帝，但她並未就此滿足，還想要天下成為武家的。

至此，武則天利用佛教坐上皇帝大位，視為其崇信佛教的第二階段。武則天信仰佛教的第三個階段，從其稱帝以後開始考察起，她繼續借助佛教的力量而有所轉折。

天授二年（西元六九一年）四月，頒布〈釋教在道法之上制〉，一改太宗在貞觀十一年所頒下的〈道士女冠在僧尼之上詔〉，規定佛教的地位在道教之上，僧尼居於道士之前。此舉為她仰仗佛教學說來論證改朝換代之合法性開闢道路，並可降低道教始祖李姓的壓抑力量。

延載元年（西元六九四年）五月，女皇又加帝號為「越古金輪聖神皇帝」；天冊萬歲元年（西元六九五年）正月，再加帝號成「慈氏越古金輪聖神皇帝」，改元「證聖」。這些帝號與彌勒（慈氏）菩薩和轉輪聖王的佛教觀念相聯結；「金輪聖王」居於轉輪聖王之首，統治四大部洲，相當於全天下。

《彌勒下生成佛經》講述，未來久遠時間以後，彌勒菩薩會從兜率天宮下生到這個娑婆世界，在龍華樹下（華林園）三次舉行說法大會，度化無數眾生。在那個時代有轉輪聖王出世，人類壽命長達八萬歲，是一處安和樂利的莊嚴清淨世界，聖王以十善行教化國中有情。

有一點必須注意，印度佛教文化主張佛陀與轉輪聖王必須是男子身，女性想要成為佛陀或轉輪聖王必須轉化女身為男身。然而，中國普羅大眾不一定知曉遙遠西天的這種文化觀念。

薛懷義與法明等僧人撰寫《大雲經疏》，為武后稱帝提供何種理論依據？北涼曇無讖所譯《大方等無想經．卷六》講說，有淨光天女獲得佛陀授記後，為利濟眾生而示現女子身，未來於南天竺某國繼位為王，成為統治四大部洲之一洲的轉輪聖王，教化百姓受持五戒，守護正法，威服天下，閻浮提中所有國家都來朝見。她向無數眾生教導《大雲經》，於命終之時轉化女身為男身，示現大神通，為了供養無量壽佛（阿彌陀佛）而轉生西方淨土。

這部經典提到女性可成為聖王，然而還是要轉女成男。薛懷義等人確實非常認真地在佛經當中搜尋證據；在遠離天竺的這個東方國度，利用此地大眾雖接受佛教而對印度文化相對陌生，以這樣的經說揉合彌勒信仰，附會成彌勒菩薩下生成為女皇，為武后的稱帝行動賦予神聖意義，以抗衡儒家社會的男尊女卑觀念。

另外，長壽二年（西元六九三年），菩提流志（原名達摩流支）在洛陽譯出《寶雨經》；其卷一講述，佛陀入滅後第四個五百年、佛法行將滅絕時，月光天子會出現在南贍部洲東北方的「摩訶支那國」，位居阿鞞跋致（不退轉），實際上是位菩薩，特意示現女子身，成為大王；在很長時間以正法治國，養育眾生如同親生子女，使他們修學十善行。

經中並且提到，女人身有五種障礙，不能成為轉輪聖王、帝釋、大梵天王、不退轉菩薩、如來；然而，這位菩薩示現的女王可身為阿鞞跋致菩薩與轉輪聖王。最後，這位女王轉生兜率天宮，供養、承事慈氏（彌勒）菩薩，到慈氏菩薩成佛之時獲得授記。這也是武則天以女流之輩登臨皇位的經典依據，但非為彌勒下生。

武氏以「周」作為朝代名，是向中國正統文化靠攏，因周代禮樂制度是中華文明至為璀璨的一頁。明堂屬於神聖空間，有其固有規制，不可隨意變革；武則天將明堂改名「萬象神宮」，宗教意味濃厚，這裡面有何名堂？大象是常見於印度佛經中最具威力的動物，轉輪聖王七寶之中就有象寶；萬隻大象拱衛的意象，應是來自佛教與轉輪聖王故事的啟發。

《資治通鑑．卷二〇五》「天冊萬歲元年」（證聖元年（西元六九五年））

條記載，在明堂建好後，女皇命令薛懷義製作夾紵（脫胎漆器工藝）大佛像，高一百餘尺（一尺約合三十點七公分），號稱小指中就可容納數十人，放在明堂北面的天堂中。此處所描述的佛像大小顯然過度誇大。

某日，在明堂舉行無遮大會，地面挖掘一個深達五丈的大坑，然後用彩帶編織成宮殿，裝著佛像置放在坑中，將其向上拉起，說是從地踊出。實在很難想像這個建築的龐大規模。佛像、無遮大會都深具佛教意涵，在明堂這種嚴肅的儒家禮儀重地營造如此的外來宗教氛圍，可推知佛教在女皇心目當中的特殊地位。

薛懷義負責建造明堂，舉辦齋會，花錢猶如糞土，且放縱僧人橫行霸道，武則天都放任縱容，他也變得越加跋扈。天冊萬歲元年，他已不太喜歡入宮，大多數時間待在白馬寺，剃度身強力壯的僧人超過千數。御史懷疑他在密謀什麼事情，稟報女皇必須予以壓制，卻也奈何不了他，只做到將其所度僧人流放到遠地。

當時，御醫沈南璆也得幸於太后，薛懷義心懷怨氣；某晚放火燒掉天堂，火勢漫延到明堂。武則天恥談此事，只推說起因是工人誤燒麻製佛像；然而，已有官員認定這是貶損明堂所招致的天譴，也有人指出是人禍而非天災。女皇表現一如平常，仍舉辦君臣歡飲宴會。另外，命令薛懷義負責重建明堂與天堂；又鑄造銅製的九州鼎與十二神像，放置各個方位。

明堂發生火災，女皇於四天之後為了此事上告宗廟，並下旨讓官員直言進諫。有官員上疏，認為火災既然從佛像燒起，延燒到明堂，所建的佛像殿堂恐怕無益，請將其罷除；再者，明堂有統合天人的重大功用，突然焚毀，他身為人臣實在無心宴飲！

自然有人會為女皇說話，援引佛教故事辯稱這是大周的祥瑞。有官員不以為然，認為彌勒成道時有天魔燒宮及七寶樓臺須臾毀壞這樣的說法，是諂媚的邪妄話語，並非君臣之間的正當言論；希望女皇能夠戰戰兢兢，不要違逆天人之心而興建非急迫的工程，以使百姓蒙受恩澤，社稷福祿無窮。

萬象神宮失火的不祥之兆，還有群臣的忠言勸諫，似乎改變了武則天對於儒教與佛教的態度，還有對薛懷義的驕縱忤逆行為感到厭惡與不安，祕密選取宮中體健者一百多人來防備他。證聖元年（西元六九五年）二月，在瑤光殿前的樹下將他逮捕，由建昌王的軍隊壯士予以擊殺，屍身送往白馬寺，焚燒以後造塔。

其後，女皇捨去帝號中的「慈氏越古」，不再與彌勒連結。九月，女皇合祭天地於南郊，加帝號「天冊金輪大聖皇帝」，強調其帝位是上天授權的金輪聖王，也就是統治全天下的君主。

聖曆元年（西元六九八年），頒布〈條流佛道二教制〉，宣告佛、道二教都是歸向至善，達於無為究竟，同為一宗；宣告自此時開始，僧人與道士若互相詆毀，先處杖刑，再命其還俗。從佛教在道教之上回歸到二教平等。

聖曆二年，八十卷《華嚴經》譯成之時，女皇親自撰寫〈大周新譯大方廣佛華嚴經序〉。文中宣稱，她在過去世種植善因，獲得佛陀授記；大覺金仙（佛陀）降下旨意，《大雲經》顯示在前，宮殿中出現祥瑞、《寶雨經》言及於後。將兩部經典作為她成為女性帝王的明證。

聖曆三年五月，武則天請洪州僧人胡超用時三年且耗費巨資合成長生藥，她在服用之後疾病有所好轉。不久後大赦天下，改元「久視」，除去「天冊金輪大聖」的帝號，淡化了轉輪聖王的象徵。六月，命令張昌宗、張易之與文學之士李嶠等四十七人在內殿編修《三教珠英》，推行三教並舉的政策。

長安四年（西元七〇四年），年逾八十的武則天患病，移居長生殿療養。張柬之等大臣久已難忍她所寵幸的張易之、張昌宗兄弟亂政，趁機發動政變，斬除他們。武則天見大勢已去，於是傳位給太子。中宗復辟，恢復「唐」的國號，改元「神龍」。一代女皇的政治生涯就此終結。

近代國學泰斗饒宗頤（西元一九一七至二〇一八年）將武則天的宗教態度歸結為幾點：（一）武后的宗教信仰前後有大幅轉變；在與薛懷義接近時期利用佛教與重信佛教，晚年遊幸嵩山，興趣轉向道教。（二）天授二年頒布釋教先於道教之制，這只是一時舉措；後來想製作巨型佛像，遭人諫阻而中止，及將大雲寺改名為仁壽寺。（三）武后的許多宗教行動，如嵩山封禪是承襲高宗遺軌，明堂之制是隋代以來帝王未完成的鴻業。還有，武后曾於明堂舉行三教講論，及詔令張昌宗等編纂《三教珠英》。最後總結為，她的思想與信仰並非佛教、道教所能囿限，晚年甚至想要籠絡三教。（註二）

筆者則以為，武則天的宗教信仰應以佛教為主要，但不防礙對儒教與道教的信受與包容。再者，治理像中國這樣的巨型國家，儒、釋、道三教都是重要的思想與實用資源。

西太原寺為基地

長安的（西）太原寺可視為武則天的家族寺院；在重修之後，於垂拱三年（西元六八七年）改為魏國（西）寺，或與武父死後謚號魏忠孝王有關。載初元年（西元六九〇年）五月改為崇福寺。武后以周代唐後，於長壽年間（西元六九二至六九四年）又一度改名大周西寺，成為武周的皇家寺院。佛教文史典籍可能交錯地使用這些寺名，可依時間階段加以辨別。

武后除了信仰佛教及在政治上利用佛教之外，其實也憑藉其豐厚資源護持了許多佛教事業。既然長安與洛陽的太原寺為其家族寺院，或可圍繞著這兩座寺院，考察她對佛教弘揚與佛經漢譯所做的貢獻。法藏常住西太原寺，這可說是他與武后推展佛教事業的共同基地。

《大唐慈恩寺三藏法師傳》的作者玄奘弟子慧立，因聲譽卓著而受詔到大慈恩寺佐助玄奘譯經，其法號即是武后所改。他之後擔任西明寺維那，接著又獲選為太原寺主。

慧立常被詔入宮中與道士對論，所表達的見解甚合高宗心意。他發心撰寫的玄奘傳記未能於生前完成，後由弘福寺沙門彥悰續成全書。由慧立擔任太原寺主一事來看，法藏最初進入此寺之時，尚未具備擔當寺主的足夠名望。

《華嚴經感應傳．卷一》記載崇福寺的惠招（慧祐）是法藏的同學，學行精進刻苦。他自小師事智儼和尚，專志修學《華嚴經》，側重讀誦〈如來性起品〉（新譯品名為〈如來出現品〉）。他愛好靜修，未常住於崇福寺以前，長期在山林坐禪與誦經。

某夜，惠招正在誦讀此品，忽然有十餘位菩薩從地中踊現，坐在蓮花臺上，身相金色，光明耀眼，合掌跪著聽經，誦經停止時就消失不見。他私下向法藏說起此事，法藏轉述給門人惠諒、惠雲、玄觀、如琮等。太原寺中流傳著不少有關修學《華嚴經》的靈驗故事。

《華嚴經傳記．卷四》記述，師子國的長壽沙門釋迦彌多羅是三果聖者，於麟德初年（西元六六四年）來到中國，受到高宗禮重，請在宮中供養。一年多以後，他想朝拜各處名山聖跡，上表請求前往五臺山禮敬文殊師利菩薩（傳說五臺山為文殊菩薩在中國的道場）。

某日，他到京城西太原寺，僧眾正準備讀誦《華嚴經》；他命譯者詢問是什麼經典，得知為《華嚴經》時，他立刻嚴肅莊重起來，表示沒想到此地也有這部經典。

老法師雙手合十，歡喜讚歎，許久才說：「這本深廣的大乘經典功德難以思議。印度相傳，有人用水洗手、要讀誦這部經典時，若被水所霑濕的蟲蟻因此而死，能夠轉生天界；何況是受持、讀誦，會有不可思議的福德！」

西太原寺臥虎藏龍，住在此寺的高僧名德之中有特別重視律儀者。《宋高僧傳．明律篇》記載，此寺滿意律師通達經論、專精律學，武德末年前往鄴都向法礪律師學習《四分律》，深得其所傳，講解三十多年，當時的許多律學名匠都出自他門下。

東塔律宗創始人懷素律師自幼依止玄奘學法，受具足戒以後專攻律學，前往法礪、道成等律師座下參學；他發現前賢所解舊義不夠完善，於是發勇猛心專精研究，及開始撰寫新的《四分律》疏解。上元三年（西元六七六年）奉詔住在西太原寺，仍旁聽道成講說律學，並繼續撰述，於永淳元年（西元六八二年）寫成新疏。

在這座名剎中，通達經論而能講經說法者自是不少。《宋高僧傳．義解篇》記載，長安崇福寺的神楷出身官宦世家，而不嚮往世俗榮華，依止譯經名德明恂出家，屬於窺基（玄奘弟子）一脈。受具足戒以後，博通大小乘經論義理，講解《攝大乘》、《俱舍》等論書。後來因講說《維摩詰經》，感慨前賢判釋未能盡善盡美，於是離開京城，撰作經疏。武后時受詔入京參與佛經翻譯，住在崇業寺（可能為崇福寺之誤），圓寂於此。

西太原寺同時是一個重要佛經譯場。來自中印度的地婆訶羅（意為「日照」）在儀鳳四年（西元六七九年）上表請求翻譯佛典；到垂拱末年（西元六八八年）為止，於東西兩京的太原寺及長安弘福寺譯經，共譯出《大乘顯識經》、《大乘五蘊論》等十八部佛典。他圓寂之後，天后勅令將他安葬在洛陽龍門香山。

崇福寺沙門智昇於開元年間編撰的《續古今譯經圖紀》，其卷一記載，在地婆訶羅的譯場，沙門戰陀般若提婆擔任譯語，沙門慧智為證梵語，武則天詔令名僧十人協助他譯經，沙門道成、薄塵、嘉尚、圓測、靈辯、明恂、懷度等人為證義，沙門思玄、復禮等人擔任綴文和筆受，天后親自書寫經題及撰寫序文，對譯經事業相當重視。

《華嚴經探玄記．卷二十》提到，法藏與日照三藏在西太原寺（當時已改名魏國西寺）共同對勘天竺諸本、崑崙本與于闐別行本的〈入法界品〉經文，發現東晉《華嚴經》譯本有兩處闕漏經文。永隆元年（西元六八〇年），日照三藏與京城十大德奉詔於寺中將其補譯出來。

據《華嚴經傳記．卷一》對於此事的記載，在魏國西寺翻譯經論的餘暇，法藏因經常感慨《華嚴經》有闕漏而未完備，便前去與日照三藏對校第八會的〈入法界品〉，從而找到善財童子的善知識天主光等十餘人。法藏於是請求翻譯新的經文，以補足舊本闕漏，由日照三藏主譯，沙門復禮筆受，沙門慧智擔任譯語。

當地婆訶羅在西太原寺翻譯經典的時期，法藏曾在文明元年（西元六八四年）向他請教印度佛門大德的判教觀點；日照三藏回覆說，那爛陀寺有戒賢和智光二大論師的不同立論。

戒賢依《解深密經》等瑜伽行派經論，提出「有、空、中道」三時教，視第三時解說三性（遍計所執性、依他起性、圓成實性）、三無性（相無性、生無性、勝義無性）的唯識二諦中道學說為了義教。

智光遠承文殊菩薩、龍樹、提婆、清辨等中觀學派祖師，依《般若經》與《中觀》等經論，提出「心境俱有、境空心有、心境俱空」的三時教，以第三時的「無相大乘」為了義教。

文明元年，日照三藏在西太原寺還講過一件有關《華嚴經》感應的事情。他到南天竺國接近占波城的地方，有處僧院名為「毗瑟奴」，裡面有許多修頭陀苦行的僧人，都學聲聞佛教。後來，忽然有位大乘法師帶著《華嚴經》來到這裡；因為小乘僧人不甚尊重那位大乘法師，他於是留下經卷離去。

因小乘僧人們都不信受，於是將這部經卷投入井中；後來，屢次看見井中光明照耀，向上衝出井外，如同烈火，僧人便撈取上來。因為此經長久浸泡水中卻未沾濕，那些僧人們就相信此經是佛陀所說，但仍舊認為比不上聲聞經典，於是放置在小乘經律之下。

等到隔日早上，大概是眾僧長老看見《華嚴經》放在最上面，便訶責眾僧，問是誰又將經典移動？眾人回應說沒人動過，於是又再次擺放在下面。隔天竟又如此，《華嚴經》移至最上面。像這樣好幾次，小乘僧人們大感驚訝，才知這部經典勝過自己所學，紛紛五體投地，哀號痛哭，懺悔改過，專心一意共同受持。《華嚴經》因此盛行於此國。

西太原寺特別重視《華嚴經》，法藏應是關鍵人物。天竺高僧日照三藏在此寺譯出〈入法界品〉的缺漏經文，是因法藏積極推動此事，多位來華高僧亦在此講述印度所發生的《華嚴經》感應故事。這裡往來著許多善知識，〈入法界品〉的善財童子正是在南印度遍參大善知識。

洛陽佛寺譯眾經

武則天在稱帝前後的時間，多在東都洛陽活動。光宅元年（西元六八四年）改稱洛陽為「神都」，登臨帝位時便將京城遷移到此地。

洛陽名剎（東）太原寺同樣是施捨其母楊氏宅邸所立，建寺時間是在上元二年（西元六七五年），其後與魏國（西）寺同時改為魏國（東）寺。武后稱帝後，於天授二年（西元六九一年）提高其先父先母的追封謚號，而改寺名為大福先寺。

根據《全唐文·卷九十八》所收錄、由武則天本人所撰寫的〈大福先寺浮屠碑〉，首先讚歎佛陀覺證最高真理，說法廣度眾生的無邊功德；接著述說此地是其母舊居，報答父母深恩及培植福德，最佳的方式就是建造佛寺。為了使這個功德殊勝圓滿，她擇取德行優異的高僧常住此寺。這些法師都是僧眾的領袖人物，天龍恭敬，道俗歸依，滌除煩惱妄想，大慈廣濟有情，教導六度功德，開啟一乘道路。

武后不僅信仰佛教，也有其成就佛教事業的睿智，了解佛陀的偉大功德，深知佛法須由人弘揚，所以在其皇家寺院聚集一批高僧來住持佛法。當然，免不了利用此寺資源來安置她的親信僧侶，法明等僧人即在魏國東寺編寫《大雲經疏》。另外，還將三階教的無盡藏（寺院積儲布施財物的府庫）遷至大福先寺。無論如何，這座寺院確實成為重要的佛法弘傳基地。

來自南天竺的菩提流志，由高宗派遣使者邀請，於永淳二年（西元六八三年）來到長安。武則天對他更加禮重，長壽二年（西元六九三年）敕令他在洛陽大周東寺、佛授記寺翻譯《實相般若》、《寶雨》等十餘部經典；其中，《寶雨經》能為武后稱帝提供經典依據。中宗復位後，菩提流志隨駕回歸京城長安，於神龍二年（西元七〇六年）敕令在西崇福寺翻譯《大寶積經》，至先天二年（西元七一三年）譯完。

于闐國僧人提雲般若（意為「天智」）於永昌元年（西元六八九年）來華，在洛陽拜謁武后，敕令他在魏國東寺翻譯佛典。一直到天授二年（西元六九一年），傳譯《華嚴經》的〈不思議佛境界分〉、〈修慈分〉與《法界無差別論》等六部佛典。

法藏在《華嚴經探玄記．卷一》說到他在洛陽協同提雲般若漢譯《華嚴經》的〈修慈分〉、〈不思議佛境界分〉、〈金剛鬘分〉；〈金剛鬘分〉尚未譯完，主譯者就過世了。法藏並為《法界無差別論》作疏；清末楊仁山說，此論深義難以知曉，經由法藏疏解才得以了知「法界平等」的妙旨。

天冊萬歲元年（西元六九五年），武則天敕令佛授記寺沙門明佺等人編成《大周刊定眾經目錄》十五卷，收入大小乘經、律、論及聖賢集傳共三千六百一十六部，八千六百四十一卷，展現漢地的佛經翻譯與著述從古至今的成果。只是，這部經錄出於眾人之手，受到《開元釋教錄》作者智昇的批評，指出不少訛誤，實難作為依準。

武則天對《華嚴經》在中國的傳譯貢獻甚大。由於此經舊譯本並未完備，他派遣使者前往于闐國訪求梵本及禮請譯師，實叉難陀（意為「喜學」）因而與經本一起來到洛陽。

證聖元年（西元六九五年），實叉難陀開始在東都宮內大遍空寺翻譯《華嚴經》。天后親臨法座，撰寫序文，自己揮毫書寫經名。《華嚴經》的漢譯是由菩提流志與義淨共同宣讀梵本，後來交由沙門復禮、法藏等人在佛授記寺翻譯（可能是勘定與潤文），至聖曆二年（西元六九九年）大功告成。

《法藏和尚傳》對此事有補充說明。女皇革命改唐為周之後，派遣使者前往于闐國請求梵本，並迎請實叉難陀到神都翻譯；總共比舊譯本增加九千偈篇幅，分成八十卷。敕命法藏擔任筆受，復禮為綴文，梵僧戰陀、提婆二人為譯語，更詔令義淨、圓測、弘景、神英、法寶等人擔任審覆（審訂梵文）、證義。新譯《華嚴經》雖增加數品，仍脫漏日照三藏所補譯的經文。法藏對勘前後兩種譯本與梵本，將日照補譯的經文結合到實叉難陀新譯本之中，成為流通的第四種版本。法藏身為唐代弘揚《華嚴經》的翹楚，竭其心力於追求此經漢譯的文義信雅達與經文完整性。

實叉難陀又在久視元年（西元七〇〇年）於穎川（位於洛陽東南）三陽宮翻譯《大乘入楞伽經》，以及在長安清禪寺、洛陽佛授記寺漢譯《文殊授記經》等經典，先後漢譯十九部經典。法藏參與了清禪寺（一說於林光殿）的《文殊師利授記經》譯事，此譯本後來由菩提流志編入《大寶積經．文殊師利授記會》。長安四年（西元七〇四年），實叉難陀上書請求返回于闐，獲得恩准。

《華嚴經感應傳．卷一》記述，在聖曆年間，實叉難陀在佛授記寺翻譯《華嚴經》之時，向法藏說起，他在印度認識一位沙彌，持守十戒，雖未受具足戒，但身心清淨，專門讀誦《華嚴經》。某日，有二位使者前來，說天帝釋請他到天界讀誦《華嚴經》，藉由法力加持，以戰勝阿修羅軍。阿修羅軍退卻後，帝釋將要供養他大量七寶與長生藥，沙彌婉拒，說自己出家是為了追求無上菩提，後來依誓願往生淨土。

覩貨邏（吐火羅）國僧人彌陀山（意為「寂友」），曾與實叉難陀一起翻譯《大乘入楞伽經》。後來，在武周朝末年與法藏等人漢譯《無垢淨光陀羅尼經》；譯完後獻上朝廷，就向女皇辭別返歸故國。

北印度迦濕蜜羅國僧人阿儞真那（意為「寶思惟」），於長壽二年（西元六九三年）到達洛都，敕令於天宮寺安置。到中宗神龍二年（西元七〇六年）為止，他在佛授記寺、天宮寺、福先寺等地，譯出《不空羂索陀羅尼自在王呪經》等七部經典。後來在睿宗太極元年（西元七一二年）才由官員張齊賢等人繕寫呈上朝廷。

高僧義淨於咸亨二年（西元六七一年）以三十七歲之齡出發前往印度求法，歷經二十五年，於證聖元年（西元六九五年）仲夏回到洛陽，帶回梵文佛典近四百部。武則天親自到東門外迎接，勅令安置於佛授記寺。

義淨最初協同于闐國三藏實叉難陀翻譯《華嚴經》。久視元年（西元七〇〇年）以後，自己主譯經典；一直到長安三年（西元七〇三年），於福先寺及長安西明寺，先後譯出《金光明最勝王經》等二十部佛典。女皇特別書寫〈聖教序〉，敕命放在經首。法藏則於義淨的譯場擔任證義要職。

善巧方便助法化

法藏一生廣學經論，尤以華嚴思想為突出；其講說《華嚴經》教理，參與經典翻譯，撰述許多經典注疏，並且運用各種善巧方便推廣佛教。他德學兼備，既能深入佛典義理，具足說法辯才，又能依於國主來弘通佛教，是個難得的全方位人才。

關於法藏參與譯經的活動，已於前一節中有所論述。從高宗與武后時代所展開的整體佛經漢譯大背景中，可窺見法藏在其間扮演的角色。本節則旨在探尋其弘揚佛教的事跡，包括經典講說及其他弘化活動。

據《宋高僧傳．釋法藏傳》記載，他很快就在長安佛教界嶄露頭角，獲選為義學名僧，並參預玄奘的佛經譯場擔任證義，後因意見不合而退出。不過，這恐怕是個誤會。元代普瑞所著《華嚴懸談會玄記．卷三十八》指出，法藏出家時，玄奘早已過世。

玄奘是在貞觀十九年（西元六四五年）到顯慶四年（西元六五九年）期間在長安的佛寺翻譯經論；之後移往長安北方的玉華宮（於今陝西銅川）繼續譯

經，直到圓寂。顯慶四年，法藏才十七歲，剛前往太白山尋師訪道，幾年後才返回長安，在雲華寺聽聞智儼講解《華嚴經》，不可能以義學名德身分進入玄奘譯場。

法藏研修與開講《華嚴經》之前的時代，對於此經的鑽研與修行情形，《華嚴經傳記．卷三》「講解下」，列舉慧覺、法敏、慧眺、道英、道昂、靈辨、智儼等七位法師，其中在京畿地區者有靈辨與智儼。

并州武德寺（於今山西太原）的慧覺，廣泛涉獵經典，最注重《華嚴經》，長期講經說法，著有《華嚴》、《十地》、《維摩詰》等經疏解。唐武德三年（西元六二〇年）以九十歲高齡圓寂。

越州（今浙江紹興）靜林寺法敏，最初聽明法師講解三論，又聽高麗實法師講說大乘經論。貞觀元年（西元六二七年）回到故鄉丹陽（今江蘇丹陽），講說《華嚴經》與《涅槃經》。貞觀十九年，應會稽（今浙江紹興）佛教人士邀請住在靜林寺講說《華嚴經》，多有靈異事跡。著作有《華嚴疏》七卷。

襄州（今湖北襄樊）神足寺慧眺，因為聽哲法師講說三論，無法接受，批評講者著空，結果舌頭伸長無法收回，五官流血；後來信受大乘，修習懺悔，始恢復正常。哲法師往生後，他為老師啟建七處八會的華嚴齋會百日；然後前往香山神足寺，鑽研大乘，四季講說《華嚴經》，用以懺悔。他製作《華嚴經》與《大品般若經》等各一百部。

蒲州（今山西永濟）普濟寺道英，出家前先到炬法師座下聽聞《華嚴》等經，後來在京城依止曇遷禪師聽講《攝大乘論》。曾遭逢乾旱，於是講說《華嚴經》以祈雨，感得海神來聽，降下大雨。臨終時令人讀誦《華嚴經・賢首品》偈頌，最後在念佛聲中安詳圓寂。

襄州寒陵寺道昂，依止地論宗南道派重要人物靈裕法師出家，常於寒陵寺修習《華嚴經》。講說《華嚴經》與《十地經論》，廣博會通，辯才無礙。夜間講經時，手中會放出光明。他發願往生西方極樂淨土。

長安大慈恩寺靈辨，追隨曇遷禪師，日夜精勤研究經論，十八歲能講《唯識》、《起信》等論，《勝鬘》、《維摩詰》等經；受具足戒後，又講說《仁王經》及《十地》、《地持》、《攝大乘》等經論。然而，他認為一乘妙旨沒有勝過《華嚴經》的，於是停止講經說法，前去參學終南山至相寺的智正法師，鑽研這部經典，盡得老師所傳。後來廣泛採用經典義理撰寫注疏十餘卷。

智儼是法藏的老師，已於前章介紹其生平事跡。以上這些《華嚴經》的說法者，多出身地論學派，或是三論學者兼學華嚴，他們解釋《華嚴經》義理大概不及智儼的精深圓妙；法藏能在如此明師座下獲其傾囊相授，實為得天獨厚。智儼的得意弟子法藏成為中國華嚴宗實際創立者，新羅義相（湘）成為海東華嚴初祖，他的義解與觀行必有過人之處。

據《華嚴經傳記．卷三》所述，智儼所撰經典義疏有二十多部，都是精簡解說，剖析新義，能進入其堂奧者甚少，門人傑出者有懷齊（又作懷濟）、法藏等。法藏弘傳《華嚴經》，幾可比擬師尊，參透玄微；懷齊則可惜英年早逝。

法藏二十八歲初出家尚未受具足戒時，武后即下旨命他在所配屬的太原寺宣講《華嚴經》（《百千經》），足見他對這部經典的研修成就是受到公認的，也代表中國《華嚴經》詮釋的一個新時代來臨。

法藏對晉譯本《華嚴經》進行細密研究，發現〈入法界品〉經文有所缺漏，感慨此事，向西遙望，期願某日能見到完本。終於盼到地婆訶羅（日照三藏）攜帶梵本來華。法藏於調露元年（西元六七九年）與日照三藏在西太原寺對校梵漢諸本，果然發現脫文之處，足見其研究之深。法藏上表請求譯經，並協同日照三藏於永隆元年（西元六八〇年）在西太原寺將這部分補譯出來。

永隆元年，法藏三十八歲，前往夏州（於今陝西靖邊）探望雙親，路途所經的地方首長都到郊外迎接這位高僧，引以為榮。出家十年，他已聲名遠揚，受到僧俗各界的敬重。

垂拱三年（西元六八七年），法藏在長安名剎大慈恩寺講解《華嚴經》；講經結束後，由寺僧曇衍擔任講主（寺院擔當講經的高僧），舉行無遮大會。無遮大會可有兩種意義，一是供養僧眾的大齋會，一是任何人都可提問的佛法論議大會。

這次法會之後，法藏到崇福寺拜見當時助他出家的道成、薄塵二位法師。薄塵向他轉述一個故事：永隆年間（西元六八〇至六八一年），雍州長安縣人郭神亮平日清淨修行，突然亡故，天神引領他到兜率天宮禮敬彌勒菩薩。有位菩薩問他說：「為何不受持《華嚴經》？」回答：「因為無人講說。」菩薩說：「有人現今在講說，為什麼說沒有？」郭神亮復活後，向薄塵法師述說此事。法藏就是當時京城宣講《華嚴經》首屈一指者。

垂拱三年發生嚴重旱災，下詔命令法藏於西明寺啟建法會，祈求降雨；長

見有光明從其口中發出，不久就形成一個華蓋。講到〈十地品〉，香風從四面拂來，出現五色祥雲，終日不散，光芒在空中照耀大眾；另外，感得天界妙花從空中繽紛飄落。

證聖元年（西元六九五年），實叉難陀與義淨開始在東都大遍空寺傳譯《華嚴經》，法藏奉敕擔任筆受；後來轉移到佛授記寺翻譯，於聖曆二年（西元六九九年）大功告成。武則天下詔請法藏於此寺講說新譯《華嚴經》。

法藏於下元日（十月十五日）從經題講起，繼而解釋文句；直到十二月十二日晚，講到華藏世界海震動之處，法會現場忽然震動起來，大眾感到希有難得。寺方上稟女皇，武則天御筆批答，提及初譯之日，夢見甘露呈現祥瑞；開講之日，感得地動標立奇異；這是如來降下吉祥與加持，以契合此經九會文義。她深感歡喜，命令史官記入典冊。

武則天將法藏召入長生殿，請問新譯《華嚴經》的微妙法義。法藏非常有條理地為女皇講說天帝網義、十重玄門、海印三昧、六相圓融等深義，她聽後感到茫然不解。法藏於是指著殿內一角的金獅子作為譬喻，妙語生花，武則天似有所悟。法藏為此撰寫《華嚴金師子章》。

除了擔當《華嚴經》新譯經本的筆受大任之外，法藏自久視元年（西元七〇〇年）到長安三年（西元七〇三年）之間，參與了《入楞伽經》、《文殊師利授記經》、《金光明最勝王經》等經的漢譯工作。他對佛經文義的研究深度由此可見一斑。

神功元年（西元六九七年），契丹抗命，朝廷派兵討伐，武則天詔見法藏，詢問佛教有何制伏敵人的特殊法門，法藏回覆說要用密法。他為此沐浴更衣，修行十一面觀音壇法。剛開始數日，敵軍見到唐朝軍隊中有無數天兵天將，也有人見到觀音像從空而來。一個月後戰事告捷，女皇慰勞法藏，告知神兵幫助掃蕩敵軍之事，全仰仗如來慈悲神力的加被。

長安四年（西元七〇四年）冬天，因在內道場對談佛法而言及岐州舍利塔是阿育王所立聖跡，也就是史冊所記載的扶風塔，已超過三十年未開塔，開啟必有靈應。武則天特別命令鳳閣侍郎崔玄暐與法藏同往法門寺恭迎舍利。

法藏當時為崇福寺主，就與十位高僧一起到舍利塔修法七天，然後開啟；法藏將佛指舍利捧在手中，光輝燦爛。歲末之日迎至長安崇福寺，等候新年正月十一日送入神都洛陽。

武則天敕令王公以下的佛教信眾供養幡幢華蓋，在音樂聲中迎到明堂。元宵節當日，女皇齋戒身心，頂禮舍利；請法藏捧持，為全民祈福。佛陀的真身舍利從開塔到洛陽，出現七次放光瑞應。這顆佛指舍利，就是現今陝西扶風縣法門寺地宮所出土者。古今佛子所同見，因緣真是微妙！

武則天晚年病重，臥床不起，張柬之等人趁機發動兵變翦除張易之、張昌宗等叛逆，包圍武氏寢宮，要求她退位禪讓，迎中宗復位，結束一代女皇的統治，史稱「神龍政變」。中宗復辟後，改元「神龍」，恢復唐的國號。武則天於當年十一月在洛陽上陽宮仙居殿過世，享壽八十一歲。

法藏於教內弘通佛法力量，於教外輔助帝王教化；在逆賊剷除之後，獲得三品祿位賞賜，他堅辭不受。朝廷除了下旨褒揚，並賞賜其弟寶藏，恩准兩人返歸故里孝養母親。法藏後來繼續在佛教界奉獻自己的全幅心力。

法藏作為佛門高僧的風骨節操與智慧學養，在政治權勢與財利榮祿之前端正不阿，而能圓融地與世俗權力交往，專志一心於佛法弘通與菩薩實踐，歷經高宗、武后、中宗、睿宗、玄宗諸朝，使大乘佛教與華嚴佛學得以挺立。這般風範，與薛懷義等人面對權力虛榮的折腰表現形成強烈對比。

法藏內修外弘，輔助國家教化，不捲入世俗名利爭鬥，因此獲得國主的敬重與信任，實現自覺利他的菩薩道理想。神龍元年（西元七〇五年）冬季，皇帝勅令畫師圖繪法藏儀容，親自寫下四章讚文；除了讚歎其高深修行造詣，也褒揚他在講說《華嚴經》時，感得天空降下花雨，大地莊嚴震動，及運用法力消滅魔眾與敵軍等超凡事跡。

【註釋】

註一：湯用彤，《隋唐佛教史稿》，南京：江蘇教育出版社，二〇〇七年，頁十六至十七。

註二：饒宗頤，〈從石刻論武后之宗教信仰〉，收入《中央研究院歷史語言研究所集刊》第四十五本第三分，一九七四年，頁三九七至四一八。

第四章　著述等身闡華嚴

《華嚴經》者，斯乃集海會之盛談、照山王之極說。……以因陀羅網參互影而重重，錠光玻黎照塵方而隱隱；一即多而無礙，多即一而圓通；攝九世以入剎那，舒一念而該永劫。

法藏勤於著述，留下許多詮釋《華嚴經》義理的論著，及其他佛教經論的注疏。在唐末五代時期，由於戰爭動亂及唐武宗與後周世宗的毀佛法難等因素，他的許多著述在中國佚失。

北宋元豐八年（西元一〇八五年）高麗的義天僧統渡海來到杭州，帶來一些華嚴宗注疏向慧因寺的淨源法師請教法義，部分散佚典籍由此因緣失而復得。然而，流傳不久之後再度亡佚。此後，中國佛教學人就難以窺見華嚴宗典籍的全豹。

直到清末楊仁山在日本訪求中國古德逸書，找到法藏的一些著作，對其論著進行考辨，去偽存真，編輯「賢首法集」，刊刻二十一種典籍（其中將《華嚴經明法品內三寶章》析分為七種著述刊行）；並且撰寫〈賢首法集敘〉，對法藏的各種著述給出簡略提要。

現今收於佛教藏經中的法藏著述計有二十五部，但有少數幾種的真偽存在疑義。考察法藏的全體著述情形及其撰作時間先後，有利於了解其佛學關懷面向及思想發展軌跡。

詮說教理勤著述

法藏一生撰述不倦，成果非常豐碩。湯用彤《隋唐佛教史稿》有「華嚴宗」

一節，考證得出法藏著作現存者有二十三部，知道書名而已亡佚者計二十餘部。（註一）

這些華嚴論著與佛典疏解大多不知其撰述時間，幾位日本學者為文考察其成書時代先後，並求得其中幾種著作較為確切的著書年代範圍。這些學術文獻都對了解法藏的整體著述情況提供了有益信息。

法藏的部分著作曾在中國佛教歷史上散失不傳，致使後代學人因無法見到他的某些重要論著，而對華嚴宗祖師的思想相承情形提出有失公允的評判；甚至認為，對新譯《華嚴經》做出全本疏解的澄觀比起法藏而言，是青出於藍而勝於藍。

前賢或許非有意為之，很大一項原因實出於華嚴宗主要典籍的湮沒無聞。清末楊仁山從日本覓得法藏的多種論著，勘刻出版，使今日佛教學人得以重見其著述的真正內涵。這對了解法藏的生平與著述而言，意義重大。

法藏著述在藏經中的作者署名，大多冠有所隸屬的寺院，包括（西）太原寺、魏國西寺、西崇福寺、大薦福寺等。這些寺院名稱的存續年代得以稽考，可作為推測其撰述時間的一種線索；然而，這些寺名標示可能出於後人之手，存在諸多混淆現象，運用上應予注意。

此外，在這些著述的序跋文及佛教文史記載中，可找到清禪寺、西明寺等撰述地點；再者，法藏的幾種著述之間存在相互引用關係，被徵引的典籍應該撰作在先。這些文獻資料亦可幫助推斷成書時間的先後。

法藏的著述可知撰述時間者大抵寫於四十二歲（西元六八四年）到六十三歲（西元七〇五年）期間。其現存著述中，大概有十三種可考證出其撰述年代的大致區間，吉津宜英與維克斯特朗（Daniel A. Wickstrom）的研究結果對比如下表：（註二）

著作名稱	推斷撰述年代	
	吉津宜英	Wickstrom
《華嚴一乘教義分齊章》（《華嚴五教章》）	《探玄記》之前	六七一至六七九
《十二門論宗致義記》	六八五至六八七左右	六八四至六八五
《大乘密嚴經疏》	六九〇	
《華嚴經旨歸》	六九一左右	六九三至六九四
《華嚴經傳記》	六九二左右	六八四－六九三
《華嚴經文義綱目》	六九二至六九四	六八五
《梵網經菩薩戒本疏》	六九二至六九四	六八五至六八七
《華嚴經探玄記》	六九五以後（六九五完成）	六八五至六九五

《大乘起信論義記》	六九六以後	六八七至六八九
《大乘法界無差別論疏》	六九六以後	六九二
〈賢首國師寄海東書〉	七〇〇左右	六九三
《般若波羅蜜多心經略疏》	七〇二左右	六九三
《入楞伽經玄義》	七〇五左右	七〇四至七〇五

其中，吉津宜英對幾種著述所推斷的撰述年代尚可往前調整。吉津宜英對〈寄海東書〉的年代考辨，因信函中列舉《別翻華嚴經中梵語》而有所誤判；「別翻」非指後來實叉難陀的「新譯」（完成於西元六九九年），而是指地婆訶羅與提雲般若對舊譯所缺經文的補譯。

法藏所寫〈寄海東書〉是在新羅孝昭王元年（西元六九二年）由勝詮法師

帶回交給海東華嚴高僧義相（湘），《法界宗五祖略記・二祖智儼和尚》所記則是長壽年間（西元六九二至六九四年）。應該將〈寄海東書〉的書寫年代提早到六九二年左右。

這封寄給義相的信函末後附有勝詮抄回的法藏著作題名：《華嚴探玄記》二十卷（兩卷未成）、《一乘教分記》（《華嚴五教章》）三卷、《玄義章》等雜義一卷、《別翻華嚴經中梵語》一卷、《起信疏》兩卷、《十二門論疏》一卷、《新翻法界無差別論疏》一卷。據此可推定，《華嚴經探玄記》、《大乘起信論義記》、《法界無差別論疏》等都是寫於此前的注疏。

以這十三種論著或章疏作為樣本，依其成書順序來看，法藏對於佛教經論的研究與著述，一直到五十歲左右，是其述作的豐產期。華嚴佛學是其學問重心所在，除開最後兩種晚年作品，其餘十一種著述之中，有六種（包括《梵網經菩薩戒本疏》）是在解釋《華嚴經》教理或宣揚此經的修行靈驗；若從卷數來看，比率更達八成。

《華嚴五教章》是關於華嚴判教的代表性著述，《華嚴經探玄記》是法藏詮釋華嚴義學的成熟之作，《華嚴經旨歸》與《華嚴經文義綱目》兩種是《華嚴經》的綱要書，《華嚴經傳記》則是關於《華嚴經》流傳的歷史書寫。

《梵網經》這部菩薩戒經亦與《華嚴經》法義有所連結，所述內容為盧舍那佛的心地法門——盧舍那佛是《華嚴經》的教主。再者，法藏在出家前就相當重視菩薩戒行，他注釋此經的動機是有跡可循的。

疏解範圍逐漸擴展到《華嚴經》以外的經論，可能出於教相判釋上研究各派教理觀點的需要，以及與法藏參與幾部佛經的翻譯事業有密切關係。在譯經時聽聞主譯高僧的教理講解與共同研討，是深入經義的難得機緣。

《十二門論》可視為《中（觀）論》的提要；《十二門論宗致義記》大抵是因聽聞地婆訶羅（日照三藏）說起印度有戒賢與智光二位著名論師的唯識與

中觀論諍，而引生了解各學派宗義的興趣。

《起信論義記》是在解釋真諦所譯的《大乘起信論》，這是一部在漢傳佛教界甚受推崇的論典。法藏這本論疏中，列舉四宗判教，第四的「如來藏緣起宗」包含《楞伽》、《密嚴》等經以及《起信》、《寶性》等論，可能因此觸發研究此論的動機。

《大乘密嚴經》是他參與漢譯的經典，由此因緣而撰寫《大乘密嚴經疏》。

《法界無差別論疏》的注釋因緣，應是起於法藏在天授二年（西元六九一年）於大周東寺（魏國東寺）協助提雲般若翻譯《法界無差別論》。

《般若波羅蜜多心經》是部膾炙人口的小品經典，法藏晚年在清禪寺的譯經空檔，因官員請法而講述《般若波羅蜜多心經略疏》。《入楞伽心玄義》闡釋新譯的《入楞伽經》。實叉難陀譯出此經初稿後返回于闐，長安二年（西元七〇二年）由彌陀山與復禮、法藏等人再度勘譯完成。

想要綜覽法藏的所有著述，還有約半數現存著述不知何時所作，一種權宜的推論方法是參照署名中所冠的寺院名稱。然而，如前所述，這些寺院標誌不一定準確，只能勉強運用。

藉助所標示的寺名信息，再依據上述吉津宜英等人所考證的撰述時間予以調整，綜合結果如下表所示：（除了上表所列十三本外，均為撰述年代不明）

寺院	著作	備註
西太原寺	《華嚴一乘教義分齊章》四卷、《十二門論宗致義記》二卷	西元六七〇年建
魏國西寺	《華嚴經探玄記》二十卷（最後成書於六九五）、《華嚴經明法品內立三寶章》二卷、《華嚴發菩提心章》一卷（《華嚴三昧章》）	原西太原寺，六八七年改名

西崇福寺	《大乘密嚴經疏》四卷、《華嚴經旨歸》一卷、《梵網經菩薩戒本疏》六卷、《華嚴遊心法界記》一卷、《華嚴經傳記》五卷、《華嚴經文義綱目》一卷、《大乘起信論義記》五卷、《大乘起信論義記別記》一卷、《大乘法界無差別論疏》一卷、〈賢首國師寄海東書〉一卷、《華嚴金師子章》一卷	原魏國西寺，六九〇年改名。六九〇年十月一度改名大周西寺。〈寄海東書〉撰於六九二年
清禪寺	《般若波羅蜜多心經略疏》一卷	七〇二年撰
西明寺	《《入楞伽心玄義》一卷	七〇五年頃撰
大薦福寺	《華嚴經義海百門》一卷、《修華嚴奧旨妄盡還源觀》一卷	六九〇改名。法藏晚年為此刹寺主
寺名不明	《華嚴經策林》一卷、《華嚴經問答》二卷、《華嚴經關脈義記》一卷、《華嚴經普賢觀行法門》一卷	

除了前述現存典籍，法藏尚有其他已經亡佚的著作；湯用彤利用法藏所撰《華嚴經傳記》、日僧永超所編《東域傳登錄》及高麗義天所編《新編諸宗教藏總錄》（《義天錄》）等文獻，列示二十餘種典籍的題名。從書名所示主題來看，這些著述大多為詮解華嚴義理之作，少部分為其他經論的疏釋，另有幾種有關《華嚴經》禮讚文書、梵語音義的作品。

崔致遠所撰《法藏和尚傳》在「第六科」專論法藏的著述成就，可藉以知其梗概——

他首先指出，智儼所作《華嚴經搜玄記》五卷，搜求隱含的深義，文辭精要；法藏進入其堂奧，撰寫《華嚴經探玄記》二十卷，探求微妙的義理，詮解詳盡；兩書各有其長，結合起來研讀可收到相成之效。

關於《華嚴經》的意蘊，提取其要旨者，包括《華嚴教分記》（《華嚴五教章》）三卷、《華嚴指歸》一卷、《華嚴經文義綱目》一卷、《華嚴經玄義章》一卷、《華嚴經策林》一卷等著述，是在指示歸向真理之路，通過「十義」以顯明種種法門。

大乘佛教行願的最終理想，必須依憑「止觀」始能成就。法藏於是仿效天台法華觀行，著作《華嚴三昧觀》、《華藏世界觀》、《妄盡還源觀》各一卷，傳授華嚴觀法，使修學者契悟深奧宗旨。

又因看到佛經流通，讀誦者眾多，文字訓釋為重要工具；何況天竺與漢地的語言差異甚大，若不加以會通訓解，如何可以理解？於是特別摘出與解說東晉舊譯《華嚴經》中的梵語詞彙成為《華嚴翻梵語》一卷，及新譯《華嚴經》的梵語音譯詞成《華嚴梵語及音義》一卷，並引述法藏的〈自敘〉表明這些對讀經之人確實是重要的。

古時曾有《華嚴經》內的佛名二卷、菩薩名一卷，不知彙集者為何人，而且有所缺漏。法藏於是披覽與記錄經中聖號，全無遺漏，擴充成五卷，為世人所珍視。匯聚佛菩薩的名號，使人便於憶念，也是修持此經的法門之一。《華嚴經》從龍宮傳出以來，西天與東土的靈驗事跡眾多，或是僧史斑斑記載，或是民間口耳相傳，學習教義者對這些事跡偏好依賴耳聞，親自閱覽者少。因此，法藏篩選二部僧傳而匯聚奇聞軼事，考求吉祥事例，抄寫新近見聞，編輯成《華嚴經傳記》五卷，或稱《纂靈記》，使久遠之事如同當面得知，正確地宗奉學習。

《楞伽經》的教理確實難於進入；《密嚴經》並非容易鉤求深義；《梵網經》真確詮說法門律儀，三界無所依靠，唯有戒律可以仰仗。法藏對這些經典都撰寫義疏及詳細解說其源流。

三等根機雖有差別，都要憑藉「十信」以發起大心；為了導引義理流脈，使歸於教義源頭，於是撰寫《大乘起信論義記》兩卷與《大乘起信論義記別記》一卷，對於《十二門論》、《法界無差別論》也編撰正確義理疏解。《般若波羅蜜多心經》雖然篇幅短小而不輕看，疏解出微塵中的廣大經義。有人說法藏對《妙法蓮華經》亦有注疏，可惜光輝未照及海東（新羅）。

大周女皇取代唐朝，承受天命，政教清明，金輪顯揚德化；她廣博閱覽佛教經籍，接連請問佛法要旨，法藏於是獻上《華嚴金師子章》一篇以啟悟她。這篇撰述搜求與演示佛法珍寶，言簡意賅，概括了十玄、六相等核心法義，開導君王，餘味不盡，古今無比。

考慮到善巧傳授〈流轉章〉、〈法界緣起章〉、〈圓音章〉、〈法身章〉、〈十世章〉、〈玄義章〉等六種要義，其真實歸趣在於三寶：般若為佛陀之母，引生究竟覺證；僧伽為佛法之孫，繼承無過於此。所以撰寫《三寶別行記》（《華嚴經明法品內立三寶章》的《三寶章》）一卷，都是為了開曉蒙昧者。

晚年因為新譯《華嚴經》既然增加一會，對舊有疏解再三思考，於是隨著經文有所補闕，聊且搜求提綱大義，重新撰述精義注疏。始自〈世主妙嚴品〉，解到〈十行品〉第六行的地方，知道自己命限將至，於是跳越順序去析論〈十定品〉的微妙意義；只寫完第九定，即與世長辭。經整理後有十二卷。

以上是《法藏和尚傳》對法藏重要著作的綜合評述，反映其撰述因緣與著作旨趣，呈現法藏對佛教義學的弘傳功績。崔致遠認為，這些著述所顯示的法義對於修習華嚴觀門是重要的；當修行者忘失正念、煩惱突然現起之時，就進行觀察思惟並予以調伏，使觀照之心得以相續不斷。

疏解《華嚴》深妙義

法藏專志於《華嚴經》的義理研究與觀行實踐，其著述多為詮釋華嚴義學與觀法之作，為後世佛教學人提供理解與深觀經典法義的優良指引。《華嚴經》卷帙龐大，義理宏富，閱讀法藏的著述可收到提綱挈領之效。

歸於法藏所作的華嚴佛學論典，以《華嚴五教章》與《華嚴經探玄記》具有較大篇幅，也是最主要的典籍，其餘大多是導論與提綱性質的精要論述。

（一）《華嚴一乘教義分齊章》（《華嚴五教章》）：這部典籍是華嚴宗判教學說的代表作，共有四卷，對教相判釋的理論給出詳細解說。法藏是就十門（十個方面）來開闡「如來海印三昧一乘教義」，詮說佛教內部各部經論、各個學派的教義要旨，從而對顯出《華嚴經》所說為最高、最圓滿的教理。

這本論著主要以「五教」與「十宗」作為如來一代所說各階教法的判釋架構，並且辯析《華嚴經》「別教一乘」與《法華經》「同教一乘」的教理區別與高下。判教學說是進入華嚴義海的重要門徑，楊仁山說：「賢首宗旨，備於此章。」可將此書作為了解華嚴宗要義的門徑。

（二）《華嚴經探玄記》：此書是法藏最重要的著作，篇幅達到二十卷之多，對《華嚴經》的深玄法義詮說詳密。法藏撰寫這本論疏時，《華嚴經》的新譯尚未展開，因此是以晉譯本為疏解的經典依據。

法藏在《華嚴經探玄記》的「前引」如此概述經典奧義：

《華嚴經》者，斯乃集海會之盛談、照山王之極說；理智宏遠，盡法界而亘真源；浩汗微言，等虛空而被塵國。於是無虧大小，潛巨剎以入毫端；未易鴻纖，融極微以周法界。故以因陀羅網參互影而重重，錠光玻黎照塵方而隱隱；一即多而無礙，多即一而圓通；攝九世以入剎那，舒一念而該永劫。

《華嚴經》是匯集海會的盛大法談，照明山王的至極教說。真理智慧廣大深遠，窮盡法界而貫通真實本源；微言妙語浩瀚無邊，量等虛空而遍滿微塵國土。於是大小無增減，巨大國土潛藏於毛端；巨細不改易，極小微塵普融於法界。因此，因陀羅之網交參映照而重重，錠光玻璃珠照耀十方國土而明盛。一即是多而無礙，多即是一而圓通。收攝九世以進入一個剎那，舒展一念而含容久遠時劫。

不移動華藏世界，融通於十佛剎微塵數的國土。顯示一微塵中的經典寶藏，在八次法會同時輝映；開啟聖王寶珠的法性功德，在七個處所圓滿昭示。鏗鏘宏大，無法思議；高聳燦爛，超越視聽。因此，盧舍那佛始創教化於海印三昧，二七日後方起身說法；龍樹最終俯首研讀於龍宮鐵塔，六百年後才顯現世間。

然則，「大」即包含的意義；「方」以軌範為功用；「廣」意即體極用周；「佛」意謂果圓覺滿；「華」譬喻綻放萬行；「嚴」喻指裝飾本體；「經」即是貫穿連綴。能詮的教法顯明，依據法、人、譬喻施設題目，所以稱為「大方廣佛華嚴經」。

為了探求如上的深玄法義，此書以十門作為詮釋架構：教起所由（經典的說法因緣）；藏部所攝（此經在藏經部類的歸屬）；立教差別（此經在判教學說的地位）；教所被機（經典受教者的根機）；能詮教體（淺深各層教法所依的真理體性）；所詮宗趣（此經宗旨是法界因果無盡圓融）；釋經題目（經名與品名的精深意蘊）；部類傳譯（此經的各種經本、注疏、翻譯與流傳情形）；義理分齊（華嚴十玄門的深妙法義）；隨文解釋（逐段解釋文義）。

（三）《華嚴經明法品內立三寶章》：包含〈三寶章〉、〈流轉章〉、〈法界緣起章〉、〈圓音章〉、〈法身章〉、〈十世章〉、〈玄義章〉七章。其中〈三寶章〉可說是這些篇章的總體綱領，論說三寶的重要涵義，使人明了歸依三寶的真實意趣。

〈流轉章〉論說生死流轉的義理與觀法。〈法界緣起章〉說明華嚴法界緣起的圓融無盡、無礙自在的深義。〈圓音章〉說明如來以一音演說一切教法的具體意涵。〈法身章〉解說法身的智境合一體性及融攝一切功德。〈十世章〉闡說一念與九世合為十世的相即相入、融通無礙關係。〈玄義章〉層層解明緣起諸法會融無礙的各方面議題，最後帶出入道方便；楊仁山說此章所論述者即是華嚴玄義。

（四）《華嚴發菩提心章》（《華嚴三昧章》）：分四門闡釋發菩提心的正確義理。首先是「發心」，依《大乘起信論》的直心、深心、大悲心說明發心的內容。第二是「簡教」，分辨十類有情因資質不同而對佛典教法有錯謬或正確的理解或體悟。第三「顯過」，顯示將色與空執取為相即、不相即、既相即也不相即、非相即非不相即的過失。第四「表德」，以真空觀、理事無礙觀、周遍含容觀、色空章十門止觀、理事圓融義等五個項目解說華嚴觀法，所以又有「華嚴三昧」之名。

（五）《華嚴經旨歸》：從十個視角說明《華嚴經》一經要旨，《華嚴經傳記》卷五〈雜述〉說到《華嚴旨歸》在十門中各以十義解釋，總共成為百門以顯明經意，於是使浩瀚的經典要旨宛如呈現於眼前。

「說經處」，講說此經的七處八會的淺深多重意義，最深之義為周遍法界，不相障礙。「說經時」，其深妙意義為一念攝盡一切時間，各種長短時間相攝相入，無時不說法。「說經佛」，此經為盧舍那佛在無盡時間與空間所說。「說經眾」，共演此經的一切諸佛、大菩薩、護法天神等。「說經儀」，透過妙音、妙色、奇香、上味、妙觸、法境、四威儀、弟子人物等方式說法。

其次，「辯經教」，《華嚴經》的各種經本形式。「顯經義」，顯示十玄門的深妙義理。「釋經意」，論說法界緣起的圓融無礙意旨。「明經益」，說明見聞與修學此經的廣大利益。「示經圓」，顯示此經各方面的圓教涵義。

（六）《華嚴遊心法界記》：是一種判教著述，並顯示圓教之下的各教如何與圓教融通。各級教法從淺到深分為五教：「法是我非門」，即是講說人空法有的小乘教。「緣生無性門」，講說空性的大乘初教。「事理混融門」，即大乘終教，講說空有融通無礙的佛性經論。「言盡理顯門」，離性離相的大乘頓教。「法界無礙門」，華嚴別教一乘的無盡圓融教法。此書主要論說前四教的教理均能與第五的圓滿教理融通無礙。

（七）《華嚴經文義綱目》：總括《華嚴經》七處八會在十方面的意義：「辨教起所因」，說明此經的講說與流傳因緣。「釋經題目」，解釋經名所含特殊意義。「明經宗趣」，此經以因果緣起與理實法界的不二為宗旨。「說經時處」，分辨七處八會的時間與地點，及其融通無礙的意義。「辨定教主」，此經為盧舍那佛報身在實報莊嚴土所說。「明眾數差別」，說明此經各會的聞法大眾。「請說分齊」，各會的請法因由及所問的法。「所入三昧」，八會各有所進入的三昧，總體皆依於如來海印三昧所顯現。「佛光加持」，各會放光加持的差異。「正說品會」，各會與諸品的對應關係。

（八）《**華嚴金師子章**》：以黃金所做的獅子為譬喻，顯示十玄、六相等華嚴深妙義理。依十門論說：「明緣起」，諸法由因緣而現起。「辨色空」，色空不礙幻有。「約三性」，就唯識三性而論，獅子在俗情執為實有，為遍計所執性；緣起似有，為依他起性；黃金之性不變，喻指圓成實性。「顯無相」，黃金攝盡獅子，黃金之外並無獅子相可得。「說無生」，獅子由黃金所生成，黃金體性本無增減。

「論五教」，論述五教的教法區別。「勒十玄」，藉金獅子喻說十玄門的深妙義理。「括六相」，略示「總、別、同、異、成、壞」六相的圓融意趣。「成菩提」，了悟真理，成就菩提。「入涅槃」，照見黃金與獅子二相都滅盡，出纏離障，永捨苦源，安住涅槃。

（九）《華嚴經義海百門》：此論是法藏晚年在大薦福寺所作，總結華嚴法界緣起的玄奧教義，分為十門，每門析分十義，共成百義，展現一切萬法均為一真法界的顯現。「緣生會寂門」，緣起萬法體性寂滅，起恆不起，不起恆起。「實際斂跡門」，會歸實相而泯絕諸相。「種智普耀門」，體性澄寂而智照萬象。「鎔融任運門」，理事融通，無礙自在。「體用顯露門」，惑障與妄相盡除，體性與功用因而顯現。

其次，「差別顯現門」，依止觀照而顯現一切緣起理事。「修學嚴成門」，依行願以成就智慧法身。「對治獲益門」，依法門對治而歸於法界。「體用開合門」，體用不二而為二，合則為法界之體，開則為緣起之用。「決擇成就門」，抉擇辯明真妄權實而證入佛地。

（十）《修華嚴奧旨妄盡還源觀》：依六門解說華嚴觀法：「顯一體」，顯明自性清淨圓明的體性。「起二用」，依清淨體性發起海印森羅常住用、法界圓明自在用。「示三遍」，顯示一塵普周法界、一塵出生無盡、一塵含容空有的三種周遍意義。「行四德」，論說隨緣妙用無方、威儀住持有則、柔和質直攝生、普代眾生受苦四種廣大功德。

其次，「入五止」解說五種精神安止法門，也就是觀照諸法空寂，離能緣所緣；觀察五蘊無我，絕欲無求；觀察性起萬法，法爾如是；禪定智光顯現，無念無慮；觀察理事玄通，性相俱泯。「起六觀」，生起攝境歸心真空觀、從心現境妙有觀、心境祕密圓融觀、智身影現眾緣觀、多身入一境像觀、主伴互現帝網觀。

（十一）《華嚴經策林》：分九項略論華嚴宗旨：「徵普眼」，全色為眼，全眼為色，無能見與所見，而明照無盡萬象。「明理事」，理事融通，緣起事相依理性而成就，法界玄宗依緣起而呈現。「辨正因」，體證自心法界真理為成佛因行。

其次，「融小大」，小大廣狹融通無礙。「結成壞」，成相與壞相非一非異，相即不二。「通二界」，佛界與眾生界空而互成，見諸佛於眾生身，觀眾生於佛體。「明隱顯」，隱顯同時，隱由顯而安立，顯由隱而成就。「明因果」，因與果同一緣起，相依成立。「達色空」，色全體即空，空全體即色，色空不二，圓通一際。

法藏在《華嚴經策林》開卷處的前引說：「《華嚴經》的宗旨，意義不一。

推究其了義說法，總體解明因與果二方面。因就是普賢行願；果就是毗盧遮那的業用。法界的諸界為體，緣起為用，體用都是全面收盡，圓通一際，說到其因由，不出緣起。透過意義的回還往復，融會通達空有；隨著智慧的鑑照作用，就說多重觀點；順著體性深湛本旨，就說同一意義。如果論說玄妙宗旨，說一說多均不可，然而以非一為了達一，以非多為了達多，恒常保全常空與常有。大致情況為如此，略微說明其梗概。現在就其要義，概略申說問答，只講述大意，其餘經文，希望通曉道理者探求其意趣。」可由此知悉著作旨趣。

（十二）《華嚴經問答》：以問答形式解說經中重要法義，共計一百六十餘條，論說華嚴一乘教法的法界緣起思想。然而，這部典籍中某些觀點似與法藏的思想不合，大概在十世紀時已有日本古德對其作者是否為法藏有所質疑。鎌田茂雄依引用書、用語、敘述形式三個問題進行考察，認為日僧南紀芳英在

《探玄記南紀錄》所判定的法藏初期撰述說是適切的。(註三)

（十三）《華嚴經關脈義記》：這部論著的作者歸屬，有說是法藏本人所作，有說是新羅元曉所作，有說是法藏門下弟子熟悉其《華嚴經探玄記》者所作。(註四)無論如何，都與法藏思想有密切關聯。

這是現存解釋八十卷《華嚴經》的最早著述。此書以「四勢」（四種文勢）對《華嚴經》的經題要旨做精簡解釋，也就是「展轉無盡勢」（展一為多，展開清淨法界的重重無盡涵義）、「卷攝相無勢」（將無量意義收攝於融貫的總義）、「卷展無礙勢」（先前兩者的融通無礙）、「問答取之文勢」（透過問答釋疑會通，勸勉修學）。

（十四）《華嚴經普賢觀行法門》：學者從此書的一些用語與觀念，對於其作者是否為法藏抱持懷疑態度。儘管如此，這本精要著述有助理解法藏的觀行思想。《華嚴經傳記》卷五〈雜述〉說明《華嚴三昧觀》（即本書）十門又各以十義辯明要義，務使行者修成普賢願行，結下金剛種，作為菩提因，未來得以參預華嚴海會。認為此論足以提供修行者作為鑑照的心鏡。

書中分為「普賢觀」與「普賢行」兩部分。「普賢觀」有十門：會相歸性門、依理起行門、理事無礙門、理事俱泯門、心境融通門、事融相在門、諸法相是門、即入無礙門、帝網重現門、主伴圓備門。指點菩薩以普賢智慧頓見這個重重無盡、不可思議的普賢法界。

其次，說明「普賢觀」的初學菩薩行法也有十門：先起信心、歸依三寶、懺悔宿罪、發菩提心立大誓願、受菩薩三聚淨戒、修離過行、進修善行、修忍辱行、救攝眾生、修平等行。於每門下面各分三點解說。

（十五）《華嚴經傳記》：一名《華嚴感應錄》，法藏為記載《華嚴經》的流通、翻譯、注釋，及古德依經修行與感應事跡而作，書未成而示寂，由門人慧苑、惠英等續成。

此書共分十大項目：部類（《華嚴經》的演說及三種篇幅的經本）、隱顯（此經的潛伏與出現）、傳譯（主要經本的漢譯）、支流（支流經典的漢譯）、論釋（印度與中國的注釋書）、講解（中國祖師講說此經的情形）、諷誦（讀誦經文的修行）、轉讀（經典梵唱的修行）、書寫（抄寫經卷的修行）、雜述（與本經相關的一些著作的介紹）。

檢視前述傳統上歸於法藏的《華嚴經》相關著述，《華嚴五教章》是對華嚴宗判教思想的詳細闡釋；《華嚴經探玄記》是對《華嚴經》深玄義理與真理觀法的最重要論著，兩書的篇幅較大。其餘除了兩種著作是二卷之外，多為單卷撰述，精要論說《華嚴經》的宗旨與觀法，頗便於佛教學人掌握經典大義。

另外，《華嚴經傳記》是專為《華嚴經》所作的史傳，摘錄與彙集此經從最初演說到歷代弘通與修持的各種資料。《法藏和尚傳》提及他曾經致力於注解新譯《華嚴經》，可惜這項偉業未竟其功而圓寂，所寫經疏亦未流傳下來。相信其智慧心血部分保留在澄觀等後學的注疏之中。

注釋經論明佛意

除了《華嚴經》之外，法藏還參與了幾部經論的漢譯，了達這些佛典的文義教理，因此機緣撰作注疏，以將法味分享眾人。再者，為了通曉佛教的全體教理，及對菩薩戒行的特殊關懷，也疏解其他幾種經論。

（一）《十二門論宗致義記》：說明龍樹《十二門論》的造論因緣在於破除外道邪說，使他們歸向正法；破除二乘異執，使他們趣入大乘；對於大乘人謬解空義者，破除其情執，使他們見到正理；以及概略顯示大乘般若真空妙旨，使行者依此成就萬行。法藏指出此論的宗趣是以十二門破除執取為宗旨；顯現真理，成就正行，進入體悟為歸趣。迴轉二乘等人使他們進入大乘，是其要義所在。

楊仁山〈賢首法集敘〉說杜順和尚的《法界觀門》以真空觀居首，作為後面二種更高觀門的根柢。法藏這部疏著就是為了成就空觀。如果學者能對此書及《心經略疏》融會貫通，便能快速進入般若波羅蜜法門。他將這部論疏的著作旨趣連結到真空觀門。

（二）《大乘密嚴經疏》：這部經疏原有四卷，第一卷解釋〈密嚴會品〉

的部分佚失，以致無法見到法藏對於此經的導讀論述，殊為可惜！《大乘密嚴經》是融合如來藏與唯識教理的經典。法藏參與此經漢譯，這是他撰寫經疏的重要因緣。

法藏在《華嚴經探玄記》中對《大乘密嚴經》有數次引用，可藉此管窺幾個要點：首先，此經說明二乘必無灰飛滅盡，不認可三乘的必定差別，因而屬於一乘教。

其次，說明佛常在法界，無不出世。第三，指出佛陀述說依如來藏而有阿賴耶，愚癡者不能了知如來藏即是阿賴耶識；如來清淨藏在世間呈現為阿賴耶，如以黃金製作指環，兩者非互相別異。

最後，於身上毛孔發出佛法的雷音，猶如此經所說金剛藏菩薩遍身毛孔同時發出聲音演說妙法。《大乘密嚴經》的法義與《華嚴經》的一乘教法有可以融通之處。

（三）《梵網經菩薩戒本疏》

：法藏在出家前即向印度僧人求受菩薩戒，那位長老聽到他在鑽研《華嚴經》，即說讀誦此經者等同已經得到菩薩戒。法藏後來在西崇福寺寫成此經注疏六卷，也有人將其分作十卷。

《梵網經》與《華嚴經》有所連結，法藏在經疏的「前引」說到，千華千百億釋迦以盧舍那為本來佛身，十重四十八輕戒為釋迦牟尼佛的應身教化。對不可講說的真理，開啟心地法門於一個毛端；以不可思議的光明，放出全身慧光到色界頂點。這部菩薩戒法為四十二階位菩薩大士所共同修學；八萬四千威儀是佛教聖賢所依憑以達到一致目標，並且顯示此經為圓滿戒學的特殊修行意義。

法藏依十門導論此經：教起所因、諸藏所攝、攝教分齊、顯所為機、能詮教體、所詮宗趣、釋經題目、教起本末、部類傳譯、隨文解釋。說明此經屬於大乘菩薩藏的律藏，教化菩薩種姓的根機（兼及不定種姓人），以受持三聚淨戒而資成一切正行為宗旨。

（四）《大乘起信論義記》與《大乘起信論義記別記》：《大乘起信論義記》解明這部論書的著述因緣是論主洞契心性本源的智慧，隨順有情根機依巧妙辯才而作，論說大乘佛教的一心、二門、三大、四信、五行等起信法門。此論在隨相法執（小乘諸部）、真空無相（《般若》等經）、唯識法相、如來藏緣起的四宗教法之中，判屬如來藏緣起宗，闡釋理事融通無礙的教理。

《大乘起信論義記別記》辯明此論題目及論中三十多個法義問題。在「釋題目」項下，說明此論的體性有二，一是以無分別智為乘體，二是以真如為乘體。以能觀真如的智慧及所觀的真如合為乘體，兩者其實是泯合為一的，依此掌握不變隨緣與隨緣不變、真如門與生滅門、本覺與始覺等如來藏緣起說的中心意旨。

法藏解釋《大乘起信論》的如來藏緣起說，析論如來藏與阿賴耶識的關係，以區別於法相唯識宗的阿賴耶緣起說。另外，此論所示的理事融通無礙教理，也幫助華嚴法界緣起思想的理解。

（五）《大乘法界無差別論疏》：提雲般若在魏國東寺（一度改名為大周東寺）翻譯《大乘法界無差別論》時，法藏參預其事。此論闡明法界即是自性清淨心，不生不滅，平等無差別，眾生本來具足，依此發起殊勝菩提心，為一切善法的所依處。法藏判釋此論屬於認可進入寂滅的二乘人亦能成佛的一乘教說，在義理形態上屬於如來藏緣起宗。

法藏提出此論宗旨在顯示修行一切善法皆歸順於真如，始覺即同本覺；一切二乘無不皆得大乘菩提；理事二法界無礙緣起，因果融通自在，這些法界無差別的意義，以使眾生信受法義，依此理解發起修行，契悟真實法界，現起無思大用。

（六）《**般若波羅密多心經略疏**》：這本注疏是法藏於長安二年（西元七〇二年）在京師清禪寺翻譯經典的餘暇，受秘書少監鄭萬鈞所請而講解，發揮空有相即不二，非有非空、非常非斷的深義。

法藏依教興、藏攝、宗趣、釋題、解文五大項目解釋經典。關於此經的宗趣（宗旨與歸趣），可從三對意義來說：以文字般若為宗旨；以觀照般若與實相般若為歸趣。以真空境為宗旨；以觀照智為歸趣。以菩提因行為宗旨；以菩提果德為歸趣。

（七）《**入楞伽心玄義**》：唐譯《入楞伽經》最初由實叉難陀在洛陽的三

Wickstrom：《賢首大師法藏の研究》，京都：龍谷大學博士論文，二〇一九年，頁十八至四十。

註三：鎌田茂雄：〈法藏撰華嚴經問答について〉，《印度學佛教學研究》第七卷第二號（一九五九年），頁二四一至二四七。

註四：李惠英：〈華嚴經關脈義記について〉，《印度學佛教學研究》第四十二卷第二號（一九九三年），頁六六至六八。

第五章　晚歲志疏新《華嚴》

名簡紫宸，聲流紺域；梵眾綱紀，僧徒楷則。
鎮治四生，曾無懈息；播美三千，傳芳百億。

《舊唐書．本紀第七．中宗》記載：神龍元年（西元七〇五年）正月，張柬之等五人發動政變，率領羽林軍誅滅武則天寵幸的張易之、張昌宗等人，迎請皇太子李顯監國。不久後，逼迫武則天傳位於皇太子，中宗復辟。二月，恢復國號為唐。

當年十一月，武則天撒手塵寰。神龍二年正月，中宗護送武氏靈柩返回京城長安。於五月舉行安葬儀式，與高宗合葬於乾陵（於今陝西乾縣梁山）。武后陵前豎立一塊無字碑，以此方式表記其功過。

中宗在襁褓時期曾由玄奘剃度，取法號為「佛光王」，自幼即受佛教薰陶。由於曾被武后廢去帝位，降為盧陵王，遭到幽禁與流放，經常惴惴不安；受其妃子之勸而潛心於佛典，在佛教之中尋求精神寄託。他復位之後繼續護持佛教，重要的崇佛護法行動諸如建寺度僧、禮遇高僧、支持譯經等。

隨著國都從洛陽重新遷回長安，佛經譯場同樣轉移陣地，內道場、大薦福寺取代洛陽佛授記寺成為譯經中心。法藏隨從中宗返歸京城，擔任大薦福寺這座名剎的寺主，展開其晚年的研經與弘法事業。

願注新經未竟功

中宗皇帝再度登基後，於神龍元年於諸州各設寺、觀一所，以「中興」為名，神龍三年改額「龍興」。他即位不久，就下詔天下試經度僧，在位期間多次實行特恩度僧。雖然採取佛教與道教平等的宗教政策，態度上較偏於佛教，還曾下詔禁斷《老子化胡經》。

中宗尚有許多禮遇高僧的奉佛事跡。《宋高僧傳．卷八》記載，神龍元年詔請道亮入宮坐夏安居，中宗從其受菩薩戒；次年，又請於西園問道。《佛祖統紀．卷四十》記載，神龍元年下詔禮請韶州惠（慧）能禪師入京，惠能稱疾婉辭；於是賜與袈裟與瓶缽，表達嚮慕之意。神龍二年，賜嵩嶽慧安國師紫摩僧衣，恩准剃度弟子十四人。神龍三年，命官員迎請泗州僧伽大師入京，尊為國師，令住薦福寺。如上種種，不一而足。

景龍二年（西元七〇九年），中宗敕命法藏、文綱等法師進入內道場舉行法會，將武則天迎至宮中供養三年的佛指舍利恭送回法門寺。這是出於對佛陀真身舍利的恭敬，按照佛門規矩行事。

景龍三年，於安福門外設置無遮齋會，三品以上官員都要行香；隔年，又在化度寺門設置無遮大會。無遮大會是佛教的大型法會，平等布施僧俗大眾，以期廣積功德。這是帝王信奉佛教的外顯表現。

無遮大會是源自印度的宗教善行功德，法藏於《華嚴經探玄記．卷八》解釋：「設置大布施法會是無遮大會，種種物品全都布施，不限制事物，不限定時間，不排除群眾，無前無後，平等布施於一切有情。」

在掃蕩張易之等人叛變的行動中，法藏兄弟應是支持皇太子李顯繼位的正當性。中宗復辟後對法藏表達敬意，於神龍二年降旨嘉許法藏早年即出家為僧，深入微妙法門；傳持無盡之燈，光照黑暗之境；揮舉智慧寶劍，降伏魔軍怨敵。凶惡徒黨叛逆，預先識知機兆；內心真誠懇切，多次上書進言。姦邪惡人既已殄滅，功勞甚大。稱歎法藏遵循佛理辭謝祿位與賞賜，恩准他與在朝任官的兄弟康寶藏暫時回歸故里，孝養母親，以盡天倫本分。

《法藏和尚傳》記載，中宗於神龍二年十一月，敕令圖繪法藏寫真像，並御筆親撰〈華嚴宗主賢首國師真讚〉四首（亦收錄於義天所集《圓宗文類．卷二十二》）。傳記作者崔致遠認為，皇帝讚頌所言確實是法藏一生偉業的寫照。

第一首如下：

宿植明因，專求正真；菴園晦跡，蓮界分身。
闡揚釋教，拯濟迷津；流一雨常，恆淨六塵。

此首讚歎法藏宿植善根，世世專修正法，恆常闡揚佛教，說法淨化世間，救濟迷途眾生。

第二首如下：

辯圃方開，言泉廣濬；護持忍辱，勤修精進。
講集天華，徵符地震；運斯法力，殄茲魔陳。

此首稱許法藏具備智慧辯才，及在菩薩道上勤修精進。演說《華嚴經》時感得天降花雨、大地震動，以及運用修法力量破除魔軍與敵陣。

第三首彰顯法藏研修與傳續華嚴觀門的功績：

　爰標十觀，用契四禪；普斷煩惱，遐祛蓋纏。

　心源鑑徹，法鏡澄懸；慧筏周運，慈燈永傳。

此首點出法藏樹立華嚴十門觀法，用以遍斷煩惱與遮障；鑑照真心實相，傳揚智慧與慈悲大法。

第四首表揚法藏作為佛門修行典範的名聲普聞：

　名簡紫宸，聲流紺域；梵眾綱紀，僧徒楷則。

　鎮洽四生，曾無懈息；播美三千，傳芳百億。

此首指出，法藏的聲譽遠播於朝廷與佛教界，修行清淨而成為僧眾楷模。其施化恩澤廣及有情，從不懈息；名揚天下，留芳萬世。

　中宗皇帝相當重視與護持佛經漢譯。自神龍元年起，義淨奉詔於洛陽內道場譯出《大孔雀王咒經》，又於大福先寺翻譯《佛為勝光天子說王法經》、《彌勒下生成佛經》等四部經典。

神龍二年，菩提流志隨御駕歸返京城，敕命於西崇福寺安置，開始翻譯《大寶積經》，至玄宗先天二年（西元七一三年）譯完，他並且在此寺譯出許多陀羅尼經典。菩提流志曾奉詔於大內佛光殿譯經，皇帝親臨法筵，筆受經典意旨，妃后和百官在場同觀與侍坐。

神龍二年，中宗敕命在大薦福寺設置翻經院。大薦福寺原是中宗即帝位前的舊宅，在文明元年（西元六八四年）高宗過世百日為其祈求冥福所建，最初名為大獻福寺。武后於天授元年（西元六九〇年）大加整修，改為今名。大薦福寺與大慈恩寺、大興善寺並列為長安三大譯經道場。法藏榮膺這座名剎的寺主，於寺中參與譯經活動及撰寫佛經注疏。

義淨受詔於中宗景龍四年（西元七一〇年）到睿宗景雲二年（西元七一一年）在大薦福寺漢譯許多經典，包括《浴像功德經》、《數珠功德經》、《佛頂尊勝陀羅尼經》、《稱讚如來功德神咒經》等數十部佛典及根本說一切有部律典。中宗在〈三藏聖教序〉（收於《全唐文．卷十七》）褒美義淨同時通曉梵漢語言及佛典義理，認為他這方面的譯經能力可說超越攝摩騰與鳩摩羅什。

中宗二度詔請實叉難陀，他於景龍二年（西元七〇八年）抵達長安，安置於大薦福寺。法藏於《華嚴經傳記．卷一》記述，敕命實叉難陀於大薦福寺安置，還來不及譯經，就染病不癒。景雲元年（西元七一〇年）十月十二日，實叉難陀右脇而臥，圓寂於大薦福寺，享年五十九歲。出家僧眾悲痛，感歎法門棟梁忽然摧折；俗家信眾哀泣，憾恨眾生喪失導師。

法藏在中宗朝參預的佛經譯事，包括：神龍二年，奉詔於西崇福寺與菩提流志一同翻譯《大寶積經》，擔任證義；景龍二年，奉詔進入大內佛光殿與義淨同譯《藥師琉璃光七佛本願功德經》；景龍四年，又應詔與菩提流志續譯《大寶積經》。（註一）法藏應該參與了更多佛經翻譯活動，只是歷史文獻不一定記載完全。

除了譯經、講經與注釋經典等佛教學術活動，法藏多次受命於中宗與睿宗，修持佛教法門為國家與百姓禳災祈福。景龍二年夏季兩度發生嚴重旱災，敕命法藏招集百位僧人在大薦福寺舉行祈雨法會，都在七日後獲得降雨靈驗。

中宗於是禮請法藏為菩薩戒師。法藏藉此機緣，奏請在東西兩京及吳越（江浙地區）、清涼山（五臺山）等五處地點建立華嚴寺，抄寫大乘藏經與各家章疏，收藏於寺中。大眾稱他為「華嚴和尚」。法藏厚植福德與智慧資糧，得此絕佳因緣成就保全法寶的佛教事業。

睿宗朝的景雲二年，春季不雨、冬季不降雪，風不調、雨不順。皇帝在宮中召見法藏，請問解救農民的辦法，他建議採用《隨求即得大自在陀羅尼神咒經》的密法。獲得皇帝許可後，急往藍田山悟真寺的龍池之地，建立密壇，書寫神咒，投入瀑布下的龍潭；未到十日，果然下起大雪。朝廷降旨褒揚。

法藏為何轉而注解〈十定品〉？因為這是新譯經本對比舊譯所增的經文，主題也特殊，解釋此品對學人研讀《華嚴經》的助益相對較大。這一品主旨為，普賢菩薩對大菩薩們演說十種廣大三昧，使所有菩薩深入這些三昧，發起無礙自在的大威神力，攝化一切有情，圓滿普賢行願。這是對華嚴禪觀法門的高階指引。

《華嚴經疏鈔．卷三》提到法藏新疏在理解《華嚴經》文義方面的參考價值：「《探玄記》只解釋晉譯經本，新舊經本大旨雖同，而文辭有異。……過去學人在〈十行品〉以前，多依賢首的新修略疏；〈十迴向品〉以後，與《探玄記》一併研讀；第三地以後，大多參照古代疏解。」

澄觀應能見到法藏的新注略疏，他說在〈十行品〉之前，成為解讀新譯經文的首要依據。這本珍貴的解經著述雖然法藏未竟其功，仍可視為他最終領會《華嚴經》教理的智慧結晶，可惜已經亡佚。

楊仁山說：「未完之疏，幸有清涼《疏鈔》補其缺略。」澄觀繼承法藏注解全經的未竟事業，也有緣讀到法藏略疏的注釋成果，吾人唯有期盼這些詮解《華嚴經》的智慧結晶能保存在澄觀的疏解當中。

法藏十六歲於佛陀舍利塔前燃指立志修學佛法，終生投入佛教法義的研修與弘揚，尤其傾心於華嚴佛學，前後講說《華嚴經》新舊兩種譯本超過三十遍。法藏勤於著述，所撰述的佛法論著與佛典章疏現存者即有三十餘種。

《法藏和尚傳》評論其佛教功業說：遊歷參學、剃度出家、示現圓寂是「三立德」；演說佛法、傳譯經典、著述章疏是「三立言」；修身自覺、利濟世間、垂訓後學是「三立功」。法藏夙殖深厚善根，演說一乘圓教，具足善巧方便，成就自他利益。

培植弟子衍宗門

《法藏和尚傳》記載法藏弟子承接法脈的大體情形如下：「跟隨他學習者如雲聚集，無人能夠計數清楚，名聲較大者大致可舉出六人：釋宏觀、釋文超、東都華嚴寺智光、荷恩寺宗一、靜法寺慧苑、經行寺慧英，全是名震當時、事跡顯揚後世者。至於比丘尼眾追隨他問道者，大多讀誦晉譯經本；稟受教法的僧尼全以守護戒律、修習禪法為當務之事。」

在法藏的六大弟子之中，只有慧苑可在《宋高僧傳》覓得傳記；不知什麼原因，使其弟子輩的事略幾乎湮沒無聞。《宋高僧傳．卷五》的「法藏本傳」說：「華嚴一宗，付授澄觀。」跳過中間兩代的弟子，以法藏為華嚴三祖，視澄觀為四祖。其間因由值得推敲。

木村清孝推論重要原因之一如下：「法藏入歿的先天元年（西元七一二

年），是玄宗登帝位之年。此時代，在宗教方面正是由華嚴走向密教的時代。因此，在其之後，法藏的弟子們的活躍場所次第變窄，華嚴宗的勢力，亦走向衰退。很多法藏門下弟子的事蹟幾乎不明，正是反映此時代的狀況吧！」（註二）

不僅華嚴宗的情形如此，天台、三論、唯識等義學宗派也經歷過相類的境況；新的佛學典範興起，吸引王公貴族與佛教社群的目光，便掩蓋了先前流行的佛學範式。尤其歷經唐末戰亂與毀佛的大肆摧殘之下，各義學宗派的宗門典籍與文書載記散失殆盡；除了宗師級的祖師，人物事跡之記載在歷史上消亡是自然之事。

法藏門下最為人所知曉者是上首弟子慧苑。《宋高僧傳．卷六》的「慧苑本傳」說，他自少年時代即才智特出，厭棄塵俗而投身佛門淨域。他禮拜華嚴法藏為師，陶化精神，修煉心性，快速深達法義，號稱上首門人。他精進修學教法，從不懈怠，通曉佛教內外學問，華嚴宗義尤其精通博達。

慧苑深入法藏所教授的華嚴佛學，而保有某些自我發揮的見解，常與法藏觀點相左，以致遭到澄觀的駁斥，使其被排除在華嚴正統宗傳之外。在今日學術自由的氛圍下，如此之事本無可厚非，但對於古代宗派法脈的義學傳承而言，正統思想的維護其實有其必要，否則很快本宗後學即無所適從，收拾不住。

《宋高僧傳》的慧苑傳記特別點出慧苑的判教觀點，是依《寶性論》立四種教：（一）「迷真異執教」，外道凡夫迷於真理，起種種錯誤計執。（二）「真一分半教」，二乘只解人空真理層面。（三）「真一分滿教」，初發心菩薩雙解人空與法空，但只知不變，而不明隨緣。（四）「真具分滿教」，屬於能解如來藏教理的根器，具足不變與隨緣二義。

慧苑在《續華嚴經略疏刊定記・卷一》，將華嚴四法界的「理事無礙門」與「事事無礙門」統歸於「真具分滿教」，在此最高教法之中涵蓋華嚴圓教一乘教說。只是，如此的判教架構，與法藏所建立的「小、始、終、頓、圓」五教判釋差異很大，不僅未包含頓教，而且容易混同終教（理事無礙）與圓教（事事無礙），難以彰顯華嚴義理特色。

法藏長期參與佛經譯場，關注佛經文字訓解，慧苑對這方面的學問進路有很好的繼承。見到新譯《華嚴經》未有音義訓釋，研讀者有時遭遇文字障礙，慧苑於是摘出經中難詞，廣泛徵引佛經與中國文獻予以訓解，撰成《新譯大方廣佛華嚴經音義》二卷，以幫助初學者解讀經文。

澄觀在《華嚴經疏鈔》卷二和卷三列舉十點嚴厲批判慧苑，是以法藏所建構的華嚴義理體系作為標準來進行匡正，以扶救宗門的正統義學傳承。在受到澄觀批判以前，慧苑應被視為法藏的重要傳人；《宋高僧傳》便不從宗門意識來思考，仍說他是「上首門人」，及稱讚他「稟從賢首之門，不負庭訓之美」。

慧苑頗具佛法智慧潛能，能深度掌握師尊所傳的華嚴義理，以此為根柢又勇於走上自己的佛學詮釋道路。然而，處在宗派法傳的無形框限之下，佛學的自由詮釋也有其必須承受的精神孤獨境遇。

法藏門下的文超亦是非常優秀的華嚴義理人才，有解釋《華嚴經》的著作流傳後世。在宗密所撰的《華嚴經行願品疏鈔．卷四》提及「超公《關鍵》中明性起、緣起不同。」指出文超有《華嚴關鍵》的著述。

在義天所編的《新編諸宗教藏總錄．卷一．海東有本見行錄》中記載：「《大華嚴經》……《自防遺忘集》十卷、《開脈》一卷，以上文超述。」在當時的韓國可見到文超所撰寫的兩種華嚴著述。《自防遺忘集》又稱《華嚴經義鈔》。

木村清孝根據《自防遺忘集》的殘卷及《華嚴關鍵》被引述的文句，略窺文超華嚴思想比較受到注目的四點：

（一）提出「十觀」，認為法藏所窮究之法界緣起世界的真實，須通過「觀」來達到體悟。

（二）關於「安心」法門的問題，重視止觀的實踐，借鑑天台與禪宗，由空觀、知心境一體、相即觀，而領悟不安即是安心。

（三）明確區別「性起」與「緣起」；緣起法界通於善惡染淨，性起唯是清淨，真如本性興起一切善法。

（四）華嚴教學的根本定「海印三昧」，對其涵義幾乎是依《大乘起信論》的「真如」清淨心性來說明。（註三）

文超的佛學思想，已自法藏所確立的華嚴教學有所脫離，在某種程度上朝向如來藏與止觀禪學靠攏，或許是在考量法界緣起教理的觀行實踐落實課題。華嚴圓教義理甚深，若非上智者難以直接觀修，借助心性真如禪觀不失為一種良好方便。

《法藏和尚傳》又說到，法藏立志撰寫新譯《華嚴經》的注疏，只完成部分書稿，由門人宗一、慧苑兩人補續遺稿。宗一整理與補足為二十卷，大致依循師說；慧苑則編成十六卷，有人（指澄觀）譏評他在筆法與文詞方面與法藏所作不相銜接。

慧苑與文超都對法藏的《華嚴經》詮釋有深入研究，只是用帶有某些個人思想特色的方式，盡其心力將師尊所教授的華嚴佛學傳衍下去。慧苑的《續華嚴經略疏勘定記》是因法藏對《華嚴經略疏》未及修訂，於是蒐集詳略疏釋的文義，會合新舊經本的解說，對照梵本，校勘同異，希望使其義理論述更加完善。文超則關注觀法的落實問題，繼承師說之餘，想要對這個層面有所充實。

法藏其他弟子的事跡與著作罕見記載。《法藏和尚傳》提及法藏編撰《華嚴經傳記》，或稱《纂靈記》，尚未完成而逝世，由門人慧苑、慧英等補續其書，另外加上論贊，但所增補的文字並不多。

關於宗一的其他記載，《新編諸宗教藏總錄・卷一》錄有他所撰述的《華嚴經疏》二十卷，應該即是前述續補法藏略疏的成果。另外，宗一參與了菩提流志的《大寶積經》譯場，唐代徐鍔所撰〈大寶積經述〉將他列於筆受者之一，其佛學能力頗受肯定。

華嚴寺的千里可能是法藏弟子，他編撰了一本法藏《別傳》。這本傳記已經散佚，但在唐代是知曉法藏生平事略的主要參考資料。若非法藏的弟子，大概不至於具備如此熱誠及收集到那麼多材料以書寫傳記。

澄觀《華嚴經疏鈔》卷二與卷十五多次提到具體情形可參見《別傳》或《別錄》；崔致遠所寫《法藏和尚傳》說：「西京華嚴寺僧千里撰藏公《別錄》，屢陳靈跡。」不過，這位長安華嚴寺僧人千里不知何許人，遍尋佛教文獻，都找不到有關他生平活動的隻言片語。

日僧凝然所撰《三國佛法傳通緣起．卷中》說到，新羅僧人審祥曾入大唐追隨香象大師（即法藏）學華嚴宗，是親承高祖的名哲。他奉詔於金鐘寺（今奈良東大寺法華堂）講《華嚴經》，京城名德聚集，前後三年依《華嚴經探玄記》講解六十卷《華嚴經》。這是《華嚴經》在日本的最初講說。

法藏門下尼師的傳略，唯見收於《全唐文．卷一百》的〈興聖寺主尼法澄塔銘〉。法澄出身官宦之家，遭遇人生變故而出家，但並未掩蓋其學佛根性與才智。她前往至相寺聽聞法藏說法，如同善財參訪善知識，探求微妙教理，堅定持守戒律。法藏常指著法師向大眾說：「住持佛法者，就是這位法師。」

法澄在景龍二年受薦舉為紹唐寺的寺主；後來，又以德望崇高而受詔住在興聖寺，於寺內繪製華嚴海藏，建造八角浮圖（浮屠，即佛陀〔Buddha〕的另一音譯，此處指佛塔）等。他很重視實修，為此請辭寺主職務，抄寫《華嚴疏義》三卷，及研讀《盂蘭盆經》、《溫室經》等，精勤誦經行道。

法藏門下弟子眾多，後人對其首代傳人的傳略所知甚少；法藏圓寂之初，華嚴宗教勢亦尚未形成氣候。其可能原因，除了前述學者所指出的密教興起之掩蔽勢力，除非弟子擁有足夠的佛教名望，否則難在歷史上顯現能見度；還有就是尚未具備宗派傳承力量，對歷史記載缺乏關注。

一個佛教宗派的構成條件，學者提出須具足教理、僧制、儀軌三方面：有創始人所傳下的獨特而完整的教理體系；適應時代的僧團組織制度與道風維持機制；以及符合民眾心理的宗教儀式與實踐方法。（註四）除此之外，一個穩定的祖庭寺院以作為維繫這些條件的永續基地亦是不可或缺，否則法脈傳承會漂泊無根。

法藏所駐錫或擔任寺主的西太原寺、佛授記寺、大薦福寺等，都屬皇家寺院，對於僧團人事與發展方向欠缺自主決定空間；雖然寺中名德匯聚，但有多元的佛學義理專業，難由一派思想所主導。這類寺院，並不適合作為宗派法傳之基地。

縱然是與華嚴宗祖師素有淵源的華嚴寺，同樣受到國家宗教管理權力的制約。李華所撰〈玄宗朝翻經三藏善無畏贈鴻臚卿行狀〉記述，曾有無行法師遊歷天竺，學成欲歸國，於北印度不幸過世，所帶梵篋由敕令迎回，就收藏於華嚴寺。開元年間，密教大師善無畏與弟子一行在那裡挑選出一些未翻譯過的陀羅尼經典；後來他們隨聖駕到洛陽，在大福先寺譯出《大日經》。

一行後來應該是由朝廷安置在華嚴寺。《宋高僧傳．釋一行傳》記載，一行於開元十五年（西元七二七年）積勞成疾，在華嚴寺身患重病，玄宗皇帝詔令京城名德為他舉行大法會祈福。

又如《宋高僧傳．釋智藏傳》記載，智藏深體馬祖道一的禪法宗要，於建中元年（西元七八〇年）來到長安，有盧元顒長期服膺他的教導，向朝廷上奏，希望禮請到宮中供養，而下詔讓他住在華嚴寺。大和九年（西元八三五年）圓寂於此寺。

華嚴宗初祖杜順、三祖法藏圓寂後，靈塔都安奉在華嚴寺，明載於佛教史冊。然而，這處寺院非由此系華嚴學人所主持，且在會昌法難時遭遇廢寺命運，無法在法藏身後成為弘傳華嚴佛學的安穩基地。

法藏一生專志弘揚《華嚴經》，建立嚴整的教理體系，心中當無創立宗派的想法；畢竟，一個宗派的形成，是由因緣逐步成熟而水到渠成。法藏圓寂後三傳而得清涼澄觀，在五臺山大華嚴寺與京師長安大闡本宗經義；澄觀又得圭峰宗密踵繼其學。其後，世間風雲變幻，宗門教勢急轉而下，等待北宋的振興因緣。

【註釋】

註一：方立天，《法藏》，臺北：東大圖書公司，一九九一年，頁八。

註二：木村清孝著，李惠英譯，《中國華嚴思想史》，臺北：東大圖書公司，一九九六年，頁一八一。

註三：木村清孝著，李惠英譯，《中國華嚴思想史》，頁一八二至一八五。

註四：李四龍，《天台智者研究：兼論宗派佛教的興起》，北京：北京大學出版社，二〇〇三年，頁二二二至二三七。

影響

壹・五教十宗顯華嚴

別教一乘。即佛初成道第二七日，在菩提樹下，猶如日出先照高山，於海印定中同時演說十十法門，主伴具足，圓通自在，該於九世十世，盡因陀羅微細境界。

印度佛教經論在中國的傳譯，於東漢末年正式展開，歷經三國、兩晉、南北朝時代，到了隋唐時期，佛教祖師面對漢譯過來的卷帙浩繁經藏，有必要對其多元差異的教義系統進行梳理，化解法義之間的矛盾，及確立本宗主依經典的最高地位。

天台智顗曾說，不明教相判釋，即難以適切理解《法華經》的主要意趣，從而無法深入天台宗義；由此可見，其認為判教學說是切入宗派義學的特殊途徑。同樣的觀點也適用於華嚴宗的義理研究，了解本宗判教理論有助於掌握《華嚴經》的思想特色，及華嚴圓教的義理高度。

法藏所提出的判教學說，包括「四宗」判教、「五教」判教與「十宗」判教等三種架構，是在前賢判教觀點的基礎之上，加以充實與調適，以反映初唐佛教文化環境的佛典流通與教理研究情形。

四宗判教彰佛性

法藏的著述之中出現四宗、五教、十宗等多種判教間架，他分判不同學說系統的佛教經論，可能採用不同的判教模式。對於《大乘密嚴經》、《入楞伽經》、《大乘起信論》、《大乘法界無差別論》這一類佛性如來藏典籍，在教相判釋上便擇取「四宗判教」理論。

在南北朝時代，已有佛教古德提出四宗判教說。在智顗所撰《法華玄義．卷十》列舉佛馱三藏與慧光律師的四宗判教：

（一）「因緣宗」，指阿毘曇主張的「六因四緣」說，解析各種因、緣，並執為實有。

（二）「假名宗」，指《成實論》的三假，即「因成假」（有為法依靠因緣而成）、「相續假」（前念滅而續成後念）、「相待假」（二元概念相對成立）。

（三）「誑相宗」，指《大品般若經》、「三論」等空性教法。

（四）「常宗」，指《大般涅槃經》、《華嚴經》等，講說本有湛然的常住佛性。

法藏在《華嚴五教章．卷一》將四宗判教說歸屬於大衍法師等人所立：

（一）「因緣宗」，是說小乘薩婆多（說一切有部）等部。

（二）「假名宗」，是說《成實論》、經量部等。

（三）「不真宗」，指各部《般若經》，講述「即空」教理，說明一切法不真實。

（四）「真實宗」，指《大般涅槃經》、《華嚴經》等，解明佛性、法界真理。法藏對於「真實宗」特別標示《華嚴經》的法界教理。

法藏在《大乘起信論義記．卷上》的「顯教分齊」項下，論說印度與中國古德的幾種判教觀點。首先，是他請教地婆訶羅（日照三藏）而得知印度那爛陀寺有瑜伽行派的戒賢與中觀學派的智光二位大論師，各依學派立場而對佛教多元學說抱持差異的分判觀點；其次，是法藏對於東傳中國的一切經論所立四種宗義判釋。

戒賢論師依據唯識學派經論，建立「三時」教法：

第一時教導小乘四諦法輪，說一切有為法從因緣生，破除外道的自性因；

又由因緣生所以不具自我，駁斥外道的有我論，即四部《阿含經》等。然而，仍未說明「法無我」真理。

第二時講說一切諸法自性皆空，破除小乘的「法有」見解，即諸部《般若經》等。然而，偏於空義，未解說「依他起性」的假有及「圓成實性」的實有。

第三時中，就大乘的真實了義教理，完整地解明唯識學說的「三性」（遍計所執性、依他起性、圓成實性）與「三無性」（相無性、生無性、勝義無性）雙顯空有，契合中道，即《解深密經》等。

智光論師依《般若》等經與《中觀》等論，也建立「三時」教說：

第一時，佛陀最初於鹿野苑為小根機者講說四諦，為了破除外道的自性見，說明心識與外境都是因緣所生法的實際存在。

第二時為中等根機者講說「法相大乘」教理，闡明心識存在的唯識道理，仍未能使他們進入平等的真實空義。

第三時為上等根機者講說「無相大乘」，辨明心識、外境俱空，因緣所生諸法自性本空、平等一相的真實究竟教理。

接著施設一個問答：同為聖教，說法卻相互矛盾，不知能否和會？法藏於是為兩位印度祖師辯護，說明可以會通的道理：戒賢是依教法進行分判，智光則是就實相真理而判釋。

另有人指出，《華嚴經》才是佛陀成道後的最初說法，而兩個學派卻以小乘教為最初所說。法藏解釋說，三時法輪是依漸悟根機而施設；若就頓悟根機而言，最初則說《華嚴經》。

再者，依據「顯了門」的明白顯示層面，則有三種教法的次第；若就「祕密門」而言，則最初時期同時有小乘教與《華嚴經》。《華嚴經》是為此世一乘根性成熟的菩薩而說，他們見到如來於菩提樹王之下的華藏世界，依海印三昧演說無盡圓滿自在法門。

法藏也建立自家的四宗教判：

（一）「隨相法執宗」，即小乘諸部的宗旨。

（二）「真空無相宗」，即《般若》等經典及《中觀》等論典的法要。

（三）「唯識法相宗」，即《解深密經》、《瑜伽師地論》等經論的主旨。

（四）「如來藏緣起宗」，即《楞伽》、《密嚴》等經典，《起信》、《寶性》等論典所說。

這種教相判釋，應是在唯識學派三時教說的基底上，再增加「如來藏緣起宗」。或是在南北朝四宗判教說的基礎上，將部派佛教的「因緣宗」與「假名宗」合為一宗（隨相法執宗、有相宗），再增補闡述唯識佛學的「唯識法相宗」。然而，這種四宗架構並未安立《華嚴經》的判教地位。

第一宗是「隨事執相說」，雖知無我道理，但執取事物的差別法相。第二是「會事顯理說」，顯示事法共相的空性真理。第三是「依理起事差別說」，即是唯識法相學說，顯示依真如理體而現起的差別事法。第四是「理事融通無礙說」，如《大乘起信論》所說如來藏隨緣成為阿賴耶識，真理貫徹到事法；又依他緣起的事法並無自性，同於真如，此為事法貫通於真理。

法藏晚年所撰《入楞伽心玄義》同樣採取四宗教判，名稱簡化為「有相宗、無相宗、法相宗、實相宗」。就各宗所說的法數而言——

（一）「有相宗」安立五位七十五法，且將這些法執為實有，如小乘教法。

（二）「無相宗」破除前宗所立法相，顯示人、法二空真理，超越概念思惟，如《般若經》、《中觀論》等。

（三）「法相宗」建立三性與三無性的教理，解說諸法皆依心識而成立，如《解深密經》、《瑜伽師地論》等。

（四）「實相宗」融會前教所立法相，無不依於如來藏真理而緣起顯現，如《楞伽》、《密嚴》等經，《起信》、《寶性》等論。

至於《十二門論》、《梵網經》、《般若波羅蜜多心經》等非屬佛性教理的經論，法藏就採取相對樸實的判教方式——

《十二門論》可就戒賢與智光的三時教說判為空性教或無相大乘。

《般若波羅蜜多心經》在經、律、論三藏屬於經藏；在聲聞、菩薩二藏歸入菩薩藏；於權、實二教之中攝屬實教，也就是講說般若空的實相真理。

《梵網經》屬於大乘菩薩藏及大乘三藏中的律藏；在化教、制教之中攝屬制教。「化、制」二教是道宣南山律宗的判教方式，「化教」是如來教化有情，使其獲得禪定與智慧的教法，為經藏所說；「制教」是如來教導弟子，使其行儀表現如法的教誡，為律藏所說。

法藏在疏解《華嚴經》以外的佛教經論時，主要依據四宗判教架構，以「如來藏緣起」為終極教法，如此指出《大乘密嚴經》、《入楞伽經》、《大乘起信論》、《大乘法界無差別論》等佛性經論彰顯如來藏思想的殊勝意涵。

在南北朝的四宗判教說之中，《華嚴經》也歸入最高的第四宗，與佛性如來藏經論並列，似未凸顯其法界緣起的殊勝意義。法藏另立「五教十宗」的華嚴宗判教架構，即是為了辯明《華嚴經》的獨特圓妙教理。

華嚴教相十門說

法藏所撰的《華嚴五教章》（《華嚴一乘教義分齊章》）是華嚴宗判教學說的權威性著述。此書是法藏的早年著作，可能是已知撰述年代範圍的論著之中最先為成者，顯示其判教思想很早就達於成熟。

這部華嚴判教要藉「十門」開釋如來依海印三昧所演示的一乘教義：「建立一乘」第一；「教義攝益」第二；「古今立教」第三；「分教開宗」第四；「乘教開合」第五；「起教前後」第六；「決擇其意」第七；「施設異相」第

八；「所詮差別」第九；「義理分齊」第十。「十」在華嚴佛學中代表圓滿的數字，「十門」意謂著周延的解釋面向，及無盡教理的總綱要領。

第一門「建立一乘」：說明一乘教分為別教一乘與同教一乘。「別教一乘」是別立於三乘之上的獨特一乘，指《華嚴經》教理，全為真實相，不雜方便義。「同教一乘」是會通三乘於一乘的教理，主要為《法華經》所說，帶有方便義以顯明真實義。於此門中，又從十種意義來對比與區辨同教一乘與別教一乘的差異，顯示華嚴一乘教法的殊勝意趣。

第二門「教義攝益」：論說別教一乘、三乘教（分立的聲聞乘、緣覺乘、佛乘）、同教一乘的教義區別，還有各教所攝受的根機，及令修行者所獲得的利益。《華嚴經》的教相即是《法華經・譬喻品》所說的露地大白牛車，講述

「十十無盡，主伴具足」教法，有別於羊車、鹿車、牛車所喻的三乘方便教。此經攝受智慧潛能達到三界外的大根機者，使其直接修學一乘教法，體得究竟利益。

第三門「**古今立教**」：列舉古今賢哲的十家判教觀點，包括菩提流支的一音教；護法師的頓漸二教；光統律師的頓漸圓三教；大衍法師所立的四宗教；護身法師的五種教；耆闍法師的六宗教；南岳慧思與天台智者所立的四種教；江南敏法師所立的二教；梁朝光宅法雲的四乘教；及唐代玄奘所立的三時法輪。這些是法藏建立判教學說的參考觀點。

第四門「**分教開宗**」：主要說明華嚴宗所立的教相判釋。所示的判教架構，包括「五教」：小乘教、大乘始教、終教、頓教、圓教。指出「圓教」名稱來自《華嚴經．入法界品》善伏太子所說「以圓滿音說修多羅」（圓滿修多羅）。其次舉出「十宗」：我法俱有宗、法有我無宗、法無去來宗、現通假實宗、俗妄真實宗、諸法但名宗、一切皆空宗、真德不空宗、相想俱絕宗、圓明具德宗；前六宗屬於聲聞部派學說，後四宗為大乘淺深宗義。

第五門「乘教開合」：說明五教之間的收合與展開關係。五教可總攝為一教，即「本末鎔融唯一大善巧法」。此外，可展開為本（別教一乘）、末（小乘、三乘）二教；一乘、三乘（方便教）、小乘（愚法二乘教）三教；小乘、漸、頓、圓四教；以及小、始、終、頓、圓五教。其次，論說五教各教之中的一乘義與三乘義；以及五教的以本收末及以末歸本關係。

第六門「起教前後」：佛初成道的第二個七日，於菩提樹下演說《華嚴經》

別教一乘，為「稱法本教」。一切佛法於第二個七日，於同一時間中依前後次序講說，及前後教法於同一時間說出。其次，是「逐機末教」，即不於第二個七日中所說，隨順時宜而講說的三乘教與小乘教，涵蓋與《法華經》同教一乘同時異處而說者，及異時異處而說者。

第七門「**決擇其意**」：分成十點顯示不同經論所說教法有前後差別，其因由是眾生於此世的根性不定。眾生的此世根性包括十類：小乘根性始終決定者；小乘根不定，能進入大乘初教即決定者；小乘與初教根性不定，能入終教即決定者；於漸教中根性不定，能進入頓教即決定者；頓悟根性成熟而決定者；三乘根性決定者；三乘根性不定，能進入同教一乘者；三乘根性不定，能進入別教一乘者；具有普賢行根機者；於一乘別教已解行圓滿而證入果海者。各部佛典相應於不同根機，所說教法有淺深前後之別。

第八門「施設異相」：說明別教一乘與三乘教在十方面的差異，彰顯《華嚴經》的殊勝法義——

（一）時異，一乘最初講說，又攝盡一切時；三乘隨逐機宜，說時不定。

（二）處異，一乘在蓮華藏世界說，又攝盡七處八會等一切處；三乘於不同處說。

（三）主異，說法主有盧舍那十佛身及化身與受用身之別。

（四）眾異，聽法眾有大菩薩眾及大小二眾之別。

（五）所依異，一乘依海印三昧；三乘依佛後得智。

（六）說異，一乘於一方所說皆遍在十方；三乘則隨一方一相而說。

（七）位異，一乘於一位攝盡一切位；三乘有階位高下差別。

（八）行異，一乘於一一位次具足一切修行；三乘於各階位修行不同。

（九）法門異，一乘「十法」與諸教教法之別。
（十）事異，一乘於一事具足法界一切差別事，諸教只說事法即空、即真如等。

第九門「明諸教所詮差別」：列舉十門分辨小、始（相始、空始）、終、頓、圓五教的所詮法義差別。包括所依心識（心識教義差別）、明佛種性（種姓教義差別）、行位分齊（各教修行階位說）、修行時分（修行證果所需時間）、修行依身（修行所依的分段身與變異身）、斷惑分齊（各教斷除惑障的法義差別）、二乘迴心（二乘有無迴心向大菩提的不同教義）、佛果義相（佛果的常無常義與相好差別）、攝化境界（各教所說攝化有情的佛土形式與範圍）、佛身開合（各教佛身教義差別）。

第十門「義理分齊」：依四個方面闡明華嚴別教一乘的圓融無盡義理——

（一）三性同異義，論說圓成實性、依他起性、遍計所執性的相通義與差異義。三性說是唯識佛教的重要法義，法藏依圓融教理解明三性的真與妄、性與相的融通無礙意義。

（二）緣起因門六義法，解說在緣起上作為「因」之法必須具備六種意義，類通於唯識學派的「種子六義」（剎那滅、果俱有、待眾緣、性決定、引自果、恆隨轉）。法藏依據《攝大乘論》、《十地經論》、《成唯識論》等論書提出精深解釋。

此外還有（三）十玄緣起無礙法、（四）六相圓融義，為華嚴佛學的核心教理，下一章會有專門討論。

法藏在《華嚴五教章》用四卷篇幅的專書形式詮解判教思想，在各宗判教文獻當中是罕見的，表述特為詳盡。通過此書十門論述的內容梗概，可以窺見法藏對於各階教法大義的精湛理解，及由此所對顯出來的華嚴思想特色。

判教著述可說是進入一宗義理系統的敲門磚，《華嚴五教章》不僅舉出本宗的判教架構，更從多維視角論辯別教一乘與其他諸教的法義對比，及揭顯華嚴圓教的思想要義。通讀全書，對於法藏所建構的華嚴教學體系，與許思已過半了！

五階教法入華嚴

「五教」與「十宗」是法藏判教學說的兩種主要架構，分別依照諸部經論或各個學派的「教」（教法）與「理」（宗趣）的淺深高下進行判釋。「教」

是佛陀的言教，即經典之中所講述的真理教法；「理」意指佛教內部不同學派所主張的學說宗旨。

法藏透過五教與十宗的綱目，對佛陀所傳授的各種經典教法，及各學派的義理宗旨，提出系統性的論述。兩種判教架構的教說或宗義都是由淺至深排列，亦蘊含從偏到圓漸次提升的意義，藉此呈現《華嚴經》別教一乘法義的極致微妙。

華嚴五教的名目如下：（一）小乘教；（二）大乘始教（包含空始教與相始教）；（三）終教；（四）頓教；（五）圓教。法藏參考前賢的判教觀點，及自己研究經論的深刻領會，而提出自家的成熟判教理論。

五教判釋有其先驅觀點。依《華嚴五教章》的「古今立教」所說，有護法師依《楞伽經》判分「頓、漸」二教：先學習小乘再趣向大乘，或經典中大乘與小乘教說並陳，都屬漸教，如《涅槃經》等經典；直接修學菩薩道，大乘不經由小乘而轉入，且無小乘教說，則為頓教，如《華嚴經》。

光統（慧光）律師設立「漸、頓、圓」三教。對於根機未成熟者，先說無常而後說常，先說空而後說不空，如此由淺至深次第說法，稱為「漸教」。為根機成熟者，在一個法門中完備地演說一切佛法，常與無常、空與不空同時講說，無先後次第，稱為「頓教」。為了上達根機可進入佛智境界者，則講說如來無礙解脫、究竟果海、圓極祕密的自在法門，即《華嚴經》，此即「圓教」。

慧光是地論宗南道派的開拓者，其判教說為法藏的五教判釋提供基本間架，在頓、漸二教之上，又特別為《華嚴經》安立一階圓教。《華嚴經》教法不僅是不立階次的頓教，更是完整道出如來智慧境界的圓極無礙教說。

玄奘大師依據《解深密經》、《金光明經》及《瑜伽師地論》所立的「三時」法輪也對法藏析分漸教提供啟發。如來最初在鹿野苑轉四諦法輪，即小乘法。第二時在大乘教法中，以密意講說一切法空的教理。第三時於大乘教法中，以顯了意義講說三性及真如不空等教理。

法藏指出，三時法輪只說到小乘教及三乘教中的始、終二教，不包含《華嚴經》所明的別教一乘。第二時的空性教說及第三時的唯識三性學說，相當於五教之中大乘「始教」的空始教與相始教。另外，法藏在第三時法輪中又增入「真如不空」的教說，相當於五教中的「終教」。大乘始教與終教是對漸教的析分，因此終教只意指大乘漸教的終極教法，在終教之上更有不落次第的頓教與圓教。

法藏的五教判教觀點，可在他的多種著述中見到，以《華嚴五教章》的論述最為詳實；另外，《華嚴經探玄記．卷一》以十門詮解《華嚴經》，其中的第九門「以義分教」也在判釋五教。以下，即依這兩種要籍說明五教分判的主要內容——

（一）「小乘教」

即是「愚法二乘教」的聲聞教法，指不明大乘法空教理的聲聞與緣覺二乘教法。此教即是三時法輪的第一時教，依四諦法門教導人我空的法義，以破除我執，斷盡煩惱，達成解脫涅槃為終極目標。

小乘教的法相論點，如說一切有部（指《俱舍論》）提出的七十五法，是構成一切萬法的基本要素，被視為三世實有的法體。此教的心識觀只承認有六識。由於教法偏淺，未能完整說明諸法的究竟實相，產生許多不同見解的諍論。

（二）「大乘始教」

意謂大乘的初始教說，包括講說一切法空的《般若經》（空始教），及講說阿賴耶與解明法相的唯識佛典（相始教）。換言之，即是將三時法輪當中的第二時教與第三時教合於此教。

大乘始教為二乘行者所共同修習，但最後的體證境地並不相同；聲聞乘人與緣覺乘人雖然同學空性教說而證入寂滅，菩薩乘人則趣向成佛。法藏指出，《解深密經》所說的第二、第三時教同樣主張定姓（種姓已經固定）的二乘人都不能成佛，未能窮盡大乘法理，這是立為大乘始教的緣由。此教雖為大乘，而重大的教義局限性是不認可一切眾生皆能成佛。

此教的「相始教」即是唯識教說，詳細解說法相，對究竟實相較少說明；但所立的百法由於決擇分明，所以並未引生諍論。此教不光說到六識；然而，所說的八識只是生滅法相，名相法數多類同小乘教說，仍非究竟深妙的教說。代表佛典如《瑜伽師地論》、《大乘阿毗達磨雜集論》等。

（三）大乘「終教」

即是講說「如來藏常住」及一切眾生成佛的教說。此教主張三乘教門都以成佛為最終目標，定姓的二乘人、無種姓的一闡提終將成佛，方為相對完備的大乘至極教說，因而立為終教。然而，這是指漸次當中的終極教說。

《華嚴金師子章》說明，終教法義詮說真性本空，而不妨礙萬法幻有的宛然呈現；緣生假有、空與不空二相雙存，所以稱為大乘終教。如此，為此教充實真如「不變隨緣、隨緣不變」的理事無礙意涵。

終教較少解說法相，而詳細闡明真如本性，以將事法融會於實相真理。所立第八識融通於如來藏的隨緣成立萬法，具足生滅與不生滅二義。此教如《楞伽》等經、《寶性》等論所說。

（四）「頓教」

顯示言說頓時斷絕，真理頓時顯現，解行頓時成就，一念不生即同於佛的教理，不依階位次第而說，所以立為「頓教」。頓教是用特殊的言語或譬喻，來指示頓時離言體證的真理悟境，有別於先前諸教那類涉及言說與次第的漸修進路。

法藏引述《楞伽經》說：「『頓』的意義就如鏡子中的影像頓時顯現，非漸次地現起。」又因一切諸法本來真實，不憑藉言說，不依靠觀智，如《維摩詰經》以默然無言揭顯不二實相。又如《寶積經》中也說到「頓教修多羅」，故依此立名。

頓教當中完全不說法相，只顯明真性；也無八識差別法相，一切所有唯是妄想，一切法的真實唯是斷絕言說。訶斥言說教法而勸人遠離，毀除法相概念而泯絕心念。生起心念即是妄想，不生即是佛陀，也無佛與非佛，沒有生與不生，如維摩詰尊者那樣默然安住以顯示不二實相。

（五）「圓教」

指華嚴「別教一乘」的教說，闡明真實圓滿的如來智慧理境。圓教中所說全是無盡法界教理，真性深廣如海而圓滿融通，由真性緣起的萬法之間無障無礙、相互含容、相互滲透。十數十數而說的法門，各自契合於法界。

猶如帝釋天因陀羅（Indra）的羅網那樣，每個網結都繫著一顆能映現一切的明淨寶珠，各各明珠放出無數光明，互相交映、重重無際、微細相容。法界性海無盡緣起的各各事物，全部圓融相即，一即一切，一切即一，相攝相入，無礙自在。

關於圓教與其他諸教的關係，法藏以別教一乘為「本教」，其餘諸教為「末教」：本教是究竟，末教是方便；因為，末教是由本教所流出，為適應眾生不同根機所說的權宜教法。

華嚴別教一乘是毗盧遮那佛成道之初為大菩薩直顯圓滿真實智慧境界的教法，可融攝其他一切教法。《華嚴五教章·卷一》說明，別教一乘即是佛陀初成道的第二個七日，在菩提樹下，如同日出先照到高山（喻大菩薩），於海印三昧中同時演說種種以十法所攝的法門。一法為主，關聯到所有相伴諸法（主伴具足），圓滿融通，自在無礙；總括時間上的九世，及一念含容九世的十世，窮盡因陀羅網的微細境界。就在此時，一切的因果、理事等，一切先後法門，甚至末代流通舍利、見聞經典等事，都同時顯現。

「海印三昧」是法身如來的禪定境界；佛心澄澈，如同平靜無波的大海，一切萬法都同時映現其中。於此三昧境界中見到法界緣起，每一法的存在都關聯到其餘一切諸法；以一法為主，其他諸法為伴，一切萬法互為緣起，互相關聯為一個全體。

華嚴學的十宗判教是在法相唯識宗窺基所提出的「八宗判教」基礎上擴充而完善的。

十宗的前六宗，與窺基所立的名目及所指稱的學派基本相同，是聲聞佛教部派宗旨的歸類，這六宗總體對應於三時法輪的第一時教。

十宗之中第七「一切皆空宗」，對應到窺基的「勝義皆空宗」，指《般若經》等的空思想。第八「真德不空宗」，是指終教的如來藏思想；而窺基的第八宗「應理圓實宗」主要指向唯識學的非有非空中道。

「一切皆空宗」相應於三時法輪的第二時教；「真德不空宗」所指則非第三時教的唯識教理，而是在中國佛教界普受重視的佛性如來藏法義。

原本窺基在大乘教理之中只分出兩宗，其最高的「應理圓實宗」以唯識學說為主，而將其他不屬於空宗的大乘經論也收攝於其中。法藏看出大乘經論的義理多樣性，有相較唯識教旨高明者，除了設法安置如來藏學說，在八宗之上再加上指示頓教的「相想俱絕宗」，及指示圓教的「圓明具德宗」。

如此，另外增立後兩宗而構成十宗，相應於華嚴教法的「十」這個圓滿數字；再者，《華嚴經》圓融無盡的獨特思想，亦可與其他大乘教法有所區隔。法藏所增補的三種義理宗旨，在中國佛教文化環境中有重要的影響力。

依據《華嚴五教章》與《華嚴經探玄記》，華嚴宗所立十宗判教的名目與基本要旨如下：

（一）**我法俱有宗**：包含人天乘及小乘部派的犢子部。聲聞佛教主張「無我」教說。

犢子部除了肯認有為法與無為法實有之外，另立一個「非二聚法」（不為有為法與無為法所含攝）或「不可說藏」作為輪迴的主體，即「補特伽羅我」，故被認為主張自我與諸法都是實有。

（二）**法有我無宗**：指薩婆多部（sarvāsti-vāda，說一切有部）等。他們將構成諸法的基本要素析分為色法、心法、心所法、心不相應法、無為法五大類，或是過去法、現在法、未來法、無為法四類，藉以證成「無我」教理。有部主張這些法（基本要素）都是實有，且在三世都為實有，而其中找不到永恆不滅的精神主體（自我）。

（三）**法無去來宗**：指大眾部等。前兩宗均認可諸法在過去、未來、現在都是實有，此宗則主張只有現在法與無為法才是實有，因為過去法與未來法缺乏體性與作用。真實存在的法必須具備體性與作用。

（四）**現通假實宗**：指說假部等。主張現在諸法也非全為實有；五蘊是實有，但十二處、十八界並非實有，而是假合的法。《成實論》等經部師別派也屬此宗。

（五）俗妄真實宗：指說出世部等。主張現在諸法中，屬於世俗的都非真實，唯有假名，因為是由顛倒所生的虛妄法；出世無漏法才為真實，是非虛妄的，因其非由顛倒所生，所修的道及所證的果都是實有。

（六）諸法但名宗：如一說部等。說自我和一切諸法唯是假名，全無實體，顯示出世法也只是與世間法相對而立的假名概念；既然無世間法，何來出世間？因此，不說虛假與真實、有漏與無漏等分別法相。此宗與大乘始教有某種程度的相通意義。

（七）**一切皆空宗**：指大乘（空）始教。說一切法都是性空，超越俗情，無所分別。如《般若經》等皆講述如此的真理。

（八）**真德不空宗**：指大乘終教諸部經典。說一切法都是真如，如來藏不空，具有真實功德；究竟真理體性不空，因為具足本性功德。

（九）**相想俱絕宗**：通過斷絕言說而顯示離言真理，理體與事法全部泯除，平等離念。如頓教所顯示的絕言真理，及《維摩詰經》以默然無說顯示不二之理。

（十）**圓明具德宗**：別教一乘所顯示的主伴具足、無盡自在的法門，此即《華嚴經》所說的法界真理。

在這樣的十宗判教架構中，將窺基所立第八宗「應理圓實宗」調整為「真德不空宗」，以如來藏教旨替換唯識學說，較能呼應中國佛教對如來藏思想的重視程度。只是，如此一來，唯識教理缺乏可供安立的適當位置。

然而，《華嚴五教章》在「決擇前後意」這門的解釋中，將《解深密經》的不空教法對應於堪能進入「終教」的根機；因此，如果未特別施設「相始教」，唯識學說就跨在「一切皆空宗」與「真德不空宗」之間。只是，法相唯識學並不認可一切眾生成佛，妨礙其真正進入大乘終教的層級。

唯識教法在五教體系中是安置在大乘始教當中的「相始教」，而十宗系統是以「一切皆空宗」為大乘初教，與唯識義理並不相應。因此，若將五教與十宗結合起來審視，可獲得相對完整的華嚴判教觀點。

五教與十宗入體能互相對應。十宗的前六宗都屬於聲聞部派的宗義，對應到五教的「小乘教」。小乘教只凸出說一切有部的「人空法有」教旨，而六宗能展開部派的多元主張，增進對聲聞佛教學說內涵的認識。

「大乘始教」基本上對應於「一切皆空宗」，完整而言，應包含空始教與相始教，亦可容納唯識教法。畢竟，在玄奘於中國傳弘法相唯識學之後，此派學說已經深深嵌入漢傳佛教的義學系統當中，在判教上實不宜忽視。

五教中的「終教」、「頓教」與「圓教」三教與十宗的「真德不空宗」、「相想俱絕宗」、「圓明具德宗」可完全對應。兩種判教觀點得以互相參照。

五教與十宗的教相判釋以簡御繁，一層比一層圓滿，像是一張佛典教義與學說宗旨的地圖，為佛教學人提供研讀各種經論教法的提示與指南，以免迷失在藏經法義的茫茫大海之中。

對於想要了解華嚴宗義的佛教學人來說，法藏的判教學說是其教學體系的一個重要組成部分，可藉此知曉《華嚴經》的特殊義旨，及此經教法與其餘經論教法的聯結關係。

如果缺乏古德們精心歸結的各類佛教宗義作為了解龐然藏經的基礎知識，後世學佛者勢必要自行反覆閱讀一部經論，以掌握其主要思想；在鑽研數部佛典並進行比較之後，方能梳理其間異同及思考義理關聯。這是非常艱鉅的佛法習得工程。

問題是，多少人能具備如此充分的時間與精力？擁有那麼大的學習耐性？而且還須具足一定程度的聰明才智。對於古德的判教學說，吾人可參究他們的架構與觀點，再依自己的研讀所得進行補充與調整，以期趣入佛學大海。

應機說法成諍教

佛陀能透徹了知各個有情的根器，為他們應機說法，各類差別教說依照根機優劣而施設。法藏對佛教行者的不同根機提供細密分析，以對應於五教、十宗的淺深教法，有助了解教相判釋的所以然。

在法藏大弘華嚴佛學之前，玄奘所傳的唯識學派經論有「五姓各別說」的特殊論點，對學佛者的種姓分成五類，認為是在無始時已有所決定，將有情的智慧潛能相對固定起來，除了不定種姓，不可轉易。

五類種姓包括：（一）菩薩種姓：必定成就佛果者。（二）獨覺種姓：必定證得獨覺（辟支佛）者。（三）聲聞種姓：必定證得阿羅漢者。（四）不定種姓：種姓尚未決定，必會成為菩薩、獨覺、聲聞三乘種姓之一。（五）無種姓：即一闡提人（斷盡善根者），永不具有成就三乘菩提的潛質，最多只能修學五戒十善等人天善法。

「五姓各別說」對法藏解析學佛者的根機多所啟發；然而，他站在「一切有情皆可成佛」的立場，對此議題的思惟模式並未如法相宗學者那樣僵固。他認為種姓只是暫時穩定不變的，非永久固定，否則違反緣起性空與眾生成佛的較高義理標準。

法藏在《華嚴五教章》的「決擇前後意」部分，依據三乘定姓、不定姓及漸、頓、圓三類教法的標準，將眾生此世根機析分為十類，以符合華嚴教法的「十」數，顯示各類淺深教法的前後次第原理。十類根機如下——

（一）**小乘決定根機**：對於在這一世中小乘根性始終固定者而言，他們就會見到如來從最初得道直到進入涅槃，只說小乘教法，未見講說大乘法輪。此如小乘各部執取自家宗旨而不信受大乘教說者。

（二）**大乘始教根機**：部分佛教行者在這一世中小乘根機並未固定，而有能力進入大乘始教即得決定。他們會見到如來先說小乘教法使他們脫離外道，再以大乘始教的空性法輪迴轉其小乘心。此如《中論》等所說，也就是空始教。

（三）**終教根機**：部分佛教行者由於小乘與始教根機並未固定，而有能力進入終教即得決定。他們在最初階段見到如來講說小乘教法，中間階段看見轉動大乘空教法輪，最後階段見到如來為他們講說不空教法。此如《解深密經》等經典所說。

（四）**由漸入頓根機**：部分佛教行者在漸教根機並未固定，而有能力進入頓教即得決定，便會見到如來先前講說的言說教法仍非究竟，後來顯示的離言教法方為究竟。此如《維摩詰經．入不二法門品》中，前面三十二位菩薩及文殊菩薩等所說的不二義都還落於言詮當中，而以最後維摩詰所顯示的絕言教法為究竟。

（五）頓教根機：部分佛教行者在頓教根機已經確定，就會見到佛陀從最初成道直至進入涅槃都未講說一個字。此如《楞伽經．一切佛語心品》所說「離一切量則無言說，無言說則無生，無生則無滅，無滅則寂滅，寂滅則自性涅槃」；又如《涅槃經》說「如果了知如來恆常不說法，稱為菩薩具足多聞」等。

（六）三乘根機：部分佛教行者對於三乘根機已經確定，見到佛陀從最初就講說三乘教法，直到涅槃不說其餘教法。此如《密迹金剛力士經》及《大品般若經》所說。這些行者各依根機聽聞三乘之中的一種教法，分別證得阿羅漢果、辟支佛道與發菩提心。

（七）三乘入一乘根機：部分佛教行者在三乘根機並未確定，而有能力進入同教一乘，就會見到自己所體得的三乘教法都從一乘無盡教法所發起，是由其方便施設的教說；因此，凡是所做的修行都迴向一乘。此如《法華經》的「會三歸一」教說，又如經典中三乘教法與一乘教法同時講說者。

（八）**可入別教一乘根機**：部分佛教行者在三乘根機並未確定，而有能力進入別教一乘，便會了知三乘教法本來不異於別教一乘教法，一乘法即是三乘法的修證目標，更無其他教法的體性。此如《法華經》「同教一乘」所說的一佛乘。

（九）**普賢根機**：部分佛教學人在此世具有普賢根機，就會見到如來從最初成道直至進入涅槃的一切佛法，全在最初第二個七日的海印三昧之中，演說無盡圓滿、自在無礙法門，始終不見講說三乘、小乘等教法。此如《華嚴經》

別教一乘所說。這是就普賢境界「緣起因分」的見聞與解行等而言。

（十）證入果海：部分佛教學人於別教一乘解行已達圓滿，而證入如來果海，即見前述諸教全是無盡性海隨緣所成者，更無其他教法的體性；因此，這些教法即是圓明無盡果海的境界，具足一切功德，難以思議，不可講說。這是就別教一乘「性海果分」的究竟圓滿體證而言。

「同教一乘」與「別教一乘」是對《法華經》與《華嚴經》的一乘法區分。「同教一乘」連結著三乘法而說，講述最終所得的一乘圓教；「別教一乘」則直說一乘圓教，全無涉及三乘教法，彰顯華嚴教法的獨特與崇高意趣。

「一乘思想」本是《法華經》的根本主張。天台宗以《法華經》為所宗經典，主張此經思想內容純粹是圓教；《華嚴經》雖以圓教為主，而附帶次第修行的別教。天台宗的「別教」指佛性教法，低於「圓教」，意義有別於華嚴宗的「別教一乘」。華嚴別教一乘相應於天台圓教。

天台宗認為《法華經》比《華嚴經》更為圓滿，因其考量到聽聞者的根機，先以《阿含》、《方等》、《般若》諸經方便提升他們的智慧潛能；等圓教根機成熟後，於《法華經》中純粹演說圓教，令所有聞法者都能成佛。《華嚴經》則不然，於成道初始直接為大菩薩宣說圓教，未照顧到根機不及者，致使許多在場者雖聞法而如聾如啞，不合乎應機教化的理念。

華嚴宗以《華嚴經》為首要經典依據，觀點與天台宗異趣。其主張《華嚴經》全在講說無盡自在的圓教法義，唯有大菩薩始能領解，具有不共的殊勝意義，所以判為「別教一乘」。如此的至極與純粹法義，實有別於《法華經》尚須開決三乘權教以顯明一乘實法的進路、會同三乘以歸入一乘的教說，因而將《法華經》判作「同教一乘」。

《華嚴五教章》重視別教一乘要義的辯明，而對此種圓教真理的闡釋是依據《華嚴經》本身文義。天台宗雖說《法華經》純然講述圓教；然而，該經文句對圓教實相內容少見說明，欠缺對「一法即具萬法」等深妙教理的直接表述，以致在闡釋其圓教思想內涵時，不得不訴諸《華嚴經》的無盡圓融教法以充實義理。

華嚴宗判教論述展示「五教、十宗」的判教架構，辯明五教之間的教法義旨差別與相互融攝關係，闡述別教一乘的深妙教理涵義；除了統整佛教經論與各派宗旨以顯示教法的淺深次第，同時也為《華嚴經》爭取到最高地位。如果不在教相判釋上先論證《華嚴經》教法的殊勝特質與至高價值，華嚴一乘圓教將失落穩固思想根基。判教學說實可視為進入華嚴義理世界的開門鑰匙。

貳・十玄六相論華嚴

如一方為主十方為伴，餘方亦爾。是故主主伴伴各不相見，主伴伴主圓明具德。如一事華帶自十義，具此十門即為一百門，餘教義等亦各准之，故成千門。

法藏於《華嚴經》弘傳的最大貢獻，是對一乘圓教法義進行體系性的解釋，幫助佛教學人理解「事事無礙法界」的不可思議妙理。其華嚴思想詮釋的核心概念，可用「十玄門」與「六相圓融」作為代表。

法藏在《華嚴經探玄記》開出十門以疏解《華嚴經》法界緣起無盡圓融、自在相即、無礙鎔融的教理，其中第九門「顯義理分齊」標舉「十玄門」作為顯明華嚴浩瀚義海的綱要。另外，在《華嚴五教章・卷四》第十門的「義理分齊」，以「十玄緣起無礙法」與「六相圓融義」作為華嚴佛學的代表性義理。

「十玄門」與「六相」是法藏詮釋《華嚴經》微言大義的義理論述，是鑽研華嚴宗哲理及修習法界真理觀門必須通曉的核心思想觀念；能夠明了十玄門與六相的圓融無礙理趣，等於掌握了華嚴教學體系的中心思想。

為了幫助護法君臣及佛教學人理解十玄門與六相的不可思議妙理，法藏善用譬喻靈活說理，「金獅子」即是一個極為成功的範例。他所撰述的《華嚴金師子章》（以下簡稱《金師子章》）為女皇善巧地演說《華嚴經》的難知難解意趣。

十玄無礙顯圓理

「十玄門」先由智儼在《華嚴一乘十玄門》所提出，有「古十玄」之稱；

法藏於《華嚴經探玄記》中所立者稱為「新十玄」，在十門各項的名稱、順序，甚至解說內容有所改易。法藏的改動，意在使名稱更加貼切，邏輯次序亦較為合理。(註一)

法藏的判教論著《華嚴五教章》(《華嚴一乘教義分齊章》)撰述時間較早，基本上沿用「古十玄」的名目，但次序有所調整。其十門為：(一)同時具足相應門；(二)一多相容不同門；(三)諸法相即自在門；(四)因陀羅網境界門；(五)微細相容安立門；(六)祕密隱顯俱成門；(七)諸藏純雜具德門；(八)十世隔法異成門；(九)唯心迴轉善成門；(十)託事顯法生解門。

《華嚴經探玄記》所立「新十玄」的名稱與順序如下：(一)同時具足相應門；(二)廣狹自在無礙門；(三)一多相容不同門；(四)諸法相即自在門；(五)隱密顯了俱成門；(六)微細相容安立門；(七)因陀羅網法界門；

（八）託事顯法生解門；（九）十世隔法異成門；（十）主伴圓明具德門。兩相對照，法藏將「因陀羅網境界門」改為「因陀羅網法界門」，以符合法界緣起之義。「祕密隱顯俱成門」改作「隱密顯了俱成門」，使「隱密」與「顯了」相對，較為分明。「諸藏純雜具德門」變更為「廣狹自在無礙門」，其理由為：「諸藏純雜」是就行門的純一與雜多融通無礙而言；而「廣狹自在」可擴充到一切事法，顯示事事無礙法義。「唯心迴轉善成門」更改為「主伴圓明具德門」，意欲從如來藏自性清淨心緣起的唯心意義，拓展到一切事物的圓滿互具。

法藏指出，這十門都在解說「同一緣起無礙圓融」，任何一門即具足整體十門的所有真理涵義；也就是說，此十門是分從各個視角解明同一個法界緣起圓融無盡的佛智境界，隨說其中一門皆可無盡延展，含攝全體真理奧義。

既然如此，何以要分成十門進行論說？「十」這個數字代表華嚴佛學的圓滿義，每一門都在呈現圓融無盡的佛智真理境界。對於智慧根機尚未達於通達無礙的研經者而言，十門論述可收到義理互補之效，統整為對法界實相的完足理解。

法藏在許多著述中解說十玄門法義，或依古十玄，或依新十玄，這些解釋內容能夠相互充實。以下依據《華嚴經探玄記》與《華嚴五教章》的疏解內容，論說十玄門各項的具體意義。名目與次序則依照「新十玄」，以反映法藏的成熟思想。

第一門「同時具足相應門」：

就教義（能詮教法與所詮義旨）、理事（所依真理與緣起事相）、境智（所觀妙境與能觀大智）、行位（普賢行海與菩薩階位）、因果（菩薩因行與如來果證）、依正（華藏世界與佛菩薩身）、體用（內同真性之體及外應群機之用）、人法（佛菩薩之人及闡述法界之法）、逆順（五熱苦行與十度正行）（註二）、應感（如來赴應與眾生機感）等十對法相，以顯明法界圓通無礙的精深道理。這些法相代表著觀照《華嚴經》的教法要點，其後的九門亦是依循這十組法義範疇思量法界，只是各有其詮解方向。

「同時具足相應門」意謂一一事法即是法界全體，具足十對法義，同時相應成為一大法界緣起，並無前後始終等差別，順修逆行自在無礙，互相交參而不雜亂，這是依於海印三昧歷然分明、同時顯現所成就。法界緣起全體內涵的一切事法都是所有法義同時互具、一體相應、交融無礙的總體圓融關係。

第二門「廣狹自在無礙門」：

住在一處而能遍應十方，周遍法界而不失其本位。有分限即是無分限，無分限即是有分限，於廣大與狹小能自在相容，無障無礙。

廣狹境界自在呈現；或唯現廣大無邊；或是界限分明；或者廣大即狹小；或者廣大與狹小全泯絕；或是具備先前四義以作為解悟境界，或是泯絕前面五義以作為觀行境界。這是在廣大與狹小、有限與無限、有相與無相之間的自在融通無礙。

第三門「一多相容不同門」：

一法舒放己身遍入法界一切之中，而同時攝受一切法進入己身之中，交融無礙。十玄門之中隨意舉出一門即全面包含前述因果、理事等十對法義的一切法門，一法即可含攝無盡法義。然而，一法中雖具足多法，仍保持自身的一法，並非就此成為多法；多法中的一法，也依照此義思惟。

此如《華嚴經．盧舍那佛品》偈頌說：

以一佛國滿十方，十方入一亦無餘；

世界本相亦不壞，無比功德故能爾。

一法與多法雖然互相含容，自在無礙，各自體相依然不同，歷然呈現。

第四門「諸法相即自在門」：

一法廢除己身同於他法，自己全體都是那一切法；而恒常攝受他法同於己身，那一切法全體即是自體，一法與多法相即混融，無所障礙。一法即是一切法，一切法即是一法，無礙相即，圓融自在。

如《華嚴經．淨行品》云：

若有菩薩初發心，誓求當證佛菩提，彼之功德無邊際，不可稱量無與等；
何況無量無邊劫，具修地度諸功德；十方一切諸如來，悉共稱揚不能盡。

初發心菩薩的一念功德如此廣大無邊，就是因為緣起法界一法即是一切法；只要是對於緣起妙理的真實覺證，初始與終結是齊一的。又如在菩薩道的某一地，即完全含攝一切諸地的功德，證得一地等同證得一切諸地。

第五門「隱密顯了俱成門」：

一法能攝受一切法，即一法顯露而多法隱密；一切法攝受一法，即一法隱密而多法顯露。顯露者與顯露者不能同時，隱密者與隱密者無法並立。隱密者與顯露者可同時共在，相互含容，此法全攝彼法，則此法顯而彼法隱；彼法全攝此法，則彼法顯而此法隱，此法正在攝受彼法，不妨礙彼法正在攝受此法。顯了與隱密俱時成立，無障無礙。

如《華嚴經》所說，於一微塵進入定境，在另一毛端從三昧起來，自在地於此處隱沒而於彼處顯現。又如經中所說，於十方世界中，念念示現成就正覺、轉正法輪、進入涅槃、分布舍利度化眾生等事業。

第六門「微細相容安立門」：

於一念中具足「始終、同時、別時、前後、逆順」等一切法門，於一念中同時歷歷現起。如《華嚴經》所說，在一個微塵的微細範圍中，無數國土等一切諸法清楚分明地顯現；至微細能含容至廣大，而且其中一切法分明安立，不相混雜。

如《華嚴經旨歸．示經圓》云：

隨一塵處，即有如上一切處，一切時，一切佛，一切眾，一切儀，一切教，一切義，一切意，一切益，各通帝網重重俱在一塵；如一塵處一切盡虛空法界，一一塵處皆亦如是。

第七門「因陀羅網法界門」：

這是透過譬喻來顯示法界緣起一即一切，一切即一，相即相入，重重無盡的圓融無礙理境。一一微塵之中各自同時顯現無量無邊的國土，國土之中又有無數微塵，那些微塵裡面又有無量國土，如此一重又一重，不可窮盡，並非心識所能思量，如因陀羅網世界。

天帝釋因陀羅的宮殿上有珠網覆蓋，每個網結繫有明珠，一顆明珠內映現一切萬象，每顆明珠都是如此。這些明珠個個晶瑩透徹，釋放各種光明，互相映現影像，影像又映現影像，無窮無盡。

第八門「託事顯法生解門」：

見到一個事法即是見到無盡法界，並非依託這個事物而另有在此事物之外所要表顯的真理境界。可在一個事物上觀照與其相即的法界圓融無盡真理，獲得解悟。

別教一乘進行觀照所依憑的事相，即在示現此教法義所要顯明的法界緣起道理，更無其他真理。任何一個事法即具足理事、教義等一切法門，無不攝盡。

第九門「十世隔法異成門」：

意在說明一切時間上的相即相入，同時成立。一法既然遍在一切處所，也應包含一切時間。過去、現在、未來三世又各有三世，展開為九世，以代表無窮世。九世攝在一念中，一念為時間總相，九世為時間別相，相合起來成為十世。由於時間並無另外的體性，依事物而施設，事物與事物既然圓融無礙，時間同樣如此。一念與九世同時顯現，互相交參，成為一大緣起。

此如《華嚴經》所說，或以長劫進入短劫，短劫進入長劫；或是百千大劫為一念，一念即是百千大劫；或是以過去劫進入未來劫，以未來劫進入過去劫。又如此經所說，於一微塵之中普現三世一切佛剎、三世一切眾生、三世一切佛事、三世一切諸佛轉法輪等。如此在時間上的自在無礙，相即相入，十世渾融成立。

第十門「主伴圓明具德門」：

在圓教法義中，一一諸法依理而言不會孤起，必有其他諸法相伴而生。比如說，以一個方位為主，便有十方為伴；其餘各方也是如此。一一事法帶有自身的教義、理事等十對法義，皆具有十玄門，合為一百門；教義、理事等十對法義同樣各自帶有十對法義，亦皆具有十玄門，因而成為一千門。如此，各個事法即是無礙融通的法界緣起，任取一法為主，必有其餘諸法為伴，圓滿明通，具足一切功德。

私淑法藏的澄觀在《華嚴經行願品疏．卷一》解釋「主伴圓明具德門」說：這個微塵能現起即稱為「主」，依理不會孤起，必包含其相隨者，其餘即是伴。如經中所說普賢於這位佛陀面前入定作為「主」，則說一身頓時顯現一切境界，聯通十方，則一一佛陀面前有眾多普賢，以作為其「伴」。其他大菩薩也是如此。……一個微塵十門具足，一個微塵既是如此，其餘事法也是這樣。事法既是如此，其餘體用等十對法義也是這樣。隨其一門既然具有十門，門門互相含攝，重重相對互望，也達到無盡。如果對於這十門，圓滿明通完全顯示，則恆常進入法界普賢境界。

澄觀在《大華嚴經略策》各施一喻幫助了解十玄門的義旨，並稱任舉一法即具有這十玄門，而且十門無前無後，舉一門即全部收盡：

一、同時具足相應門，如大海一滴水含容百川的滋味。

二、廣狹自在無礙門，如於一尺直徑的鏡子中見到千里的影像。

三、一多相容不同門，如一處室內有千盞燈火，各燈光明互相透入。

四、諸法相即自在門，如黃金與金色二者相即不離。

五、祕密隱顯俱成門，如月亮在清澄虛空中，黑暗與光明並立。

六、微細相容安立門，如瑠璃瓶中盛裝眾多芥菜子。

七、因陀羅網境界門，如兩面鏡子互相映照，彼此之光明輝耀傳遞、交替無窮。

八、託事顯法生解門，如設立雕像、舉起手臂，目光所及都是道。

九、十世隔法異成門，如一夜夢境中翱翔百年。

十、主伴圓明具德門，如北極星所在，眾星拱衛。

十玄門義理由智儼所創導，法藏繼承師說，並使其更加完善。這十個關於法界緣起圓融無礙的精深觀點，是經由對經文的細密研讀所歸結出來，均可援引經文為證。《華嚴經》教理深妙，研經者可依循十玄門的思想指引，作為趣入義理大海的津梁。

六相圓融演法界

「六相」教法出於《華嚴經・十地品》的初地「歡喜地」，此地菩薩所發十大誓願的第四願如下：

願一切菩薩行廣大無量，不壞不雜，攝諸波羅蜜，淨治諸地，總相、別相、同相、異相、成相、壞相，所有菩薩行皆如實說，教化一切，令其受行，心得增長。廣大如法界，究竟如虛空，盡未來際一切劫數，無有休息。

這裡的「六相」似乎是就菩薩道十地的修證而說。

《十地經論・卷一》解釋六相教法的意義說：「一切所說的十句中都有六種差別相門。……所謂六種相是：總相、別相、同相、異相、成相、壞相。『總相』是指根本證入（智慧地，即十地智慧），『別相』是其餘九種證入（次第增勝的智慧意義差別）；別相證入依止根本證入，是為了圓滿根本證入。『同相』是指證入，『異相』意謂增勝之相。『成相』是指總體而說（略說），『壞相』意謂析分而說（廣說）。」

這裡主要是就十地智慧的修證內涵而論。各地菩薩都證入如來智慧是「總相」，即根本證入，依於根本證入所展現九種次第增勝的智慧證入是「別相」。同樣證入智慧是「同相」；體證智慧而有增勝的差異相為異相。就體證智慧之相總體而論是「成相」；將體證智慧之相析分而說是「壞相」。

又在《十地經論．卷三》對前述〈十地品〉「歡喜地」的經文疏解中說：「『方便』者，如經『總相、別相、同相、異相、成相、壞相』故。」將六相的意義連結到菩薩道十地的方便智慧。據此，六相可指菩薩依於般若波羅蜜智慧體性所開展出來的善巧方便說法內容，以教化一切有情，使他們信受奉行。

《華嚴經傳記．卷三．釋智儼傳》中，說到智儼鑽研慧光律師所撰的《華嚴經》注疏，對於別教一乘無盡緣起義理大體知其綱領要義。後來遇到一位奇僧告訴他，想要了知一乘義旨，《十地經論》當中的「六相」法義千萬不可忽視；可在一兩個月期間，修習禪定加以思惟，自能知曉。智儼於是深研六相教理，大有所悟，撰成《華嚴經搜玄記》。

智儼在《華嚴經搜玄記》對六相教法是做整體融通的解釋，而未給出各項的細部解說。卷一提及，總別等六相法義是為了指引研經者「從相入實」。又在卷三疏解〈十地品〉時說明，六相是順著真理的意義較為明顯，而順著事法的意義相對隱約。由於因緣和合生果，事法生起而產生迷惑，《十地經論》論主於是特別昭示六相，導人進入法界真理。

《華嚴經搜玄記．卷二》疏解〈金剛幢菩薩迴向品〉，說到經典文義理路，或是貫通果與因，或是初總後別，或是自他利益差異，或是同異、成壞，如此一切文句的意義脈絡，都依照《十地經論．卷一》的「六相」來理解，無不明了。換言之，智儼認為《十地經論》已將六相義理解說分明，他進一步將這種融通意義貫徹到整體經義的詮釋。

智儼在《華嚴五十要問答》說：「其六種意義及前述因果、理事相成，更以六法來顯明，所謂：一、『總』，總體成就因果。二、『別』，個別成就總體。三、『同』，自身共同成就總體。四、『異』，自身各自別異而顯現共同。五、『成』，因果、理事成就。六、『壞』，各自住在自身特性，不改本性。所說緣起全部周遍融通，隨有事法成就，察驗、思惟即可理解。」法界緣起的一切因果、理事，皆可通過六相圓融的法義獲致明白理解。

再來，考察法藏如何繼承師尊智儼所傳的六相圓融義理，做出更為詳實的解釋，及發揮六相教法的法界緣起圓融無礙深義。

法藏在《華嚴五教章．卷四》疏釋「六相圓融義」。首先，「列名略釋」是列示名相及概說其義——

總相：一座房舍具足多個特性（的部分）；

別相：多種特性並非一法，個別依止總體，圓滿那個總體。
同相：多個部分並不互相違逆，共同成就一個總體；
異相：多個部分相互對比，各各別異。
成相：由這些因緣而現起成就；
壞相：各個部分安住自身特性而不改動。
法藏於此處利用一座房舍整體及其眾多建材部件的意象，對六相的名義予以說明。
其次，「明教興義」說明六相教法的提出意義，是為了顯明一乘圓教法界緣起無盡圓融、自在相即、無礙鎔融，以至因陀羅網無窮理事的華嚴妙理。當如此的真實理境現前之時，對於一切惑障，一法斷除則一切斷除，九世、十世一切時間中的惑障亦斷除；修行功德是相即於一法成就則一切成就，真理體性是相即於一法顯現則一切顯現。

一切都是總別具足，始終齊一，初發菩提心時便成就無上正覺；這些確實立基於法界緣起六相鎔融、因果同時、相即自在、具足逆順的真實圓滿教理。因即是普賢行的解悟、修行及證入，果即是十佛境界所顯示的無窮法界身。因此，六相義與十玄門一樣，都是法界圓融無礙真理境界的論說模式。

第三，「問答解釋」是透過施設問答的方式，詳細解說六相圓融的各方面意義，及消釋各種疑惑。法藏借用房舍及其構成因緣的事例，以幫助深奧義旨的了解。

總相就像房舍，別相是椽子等眾多因緣；一座完好的房舍，其各項因緣也必須是完備無缺的。

先說「總相」。當一切因緣具足和合時，房舍的總相與其因緣的別相同時成立，房子總體及椽子、梁柱、窗戶等部分各得名稱；此時，椽子等個別因緣都可說是能完全獨自成就房舍。這當然不是說光有椽子就能建成房子，而是說房舍與各個因緣成就時，則一切總相與別相都獲得成就，一不成即一切不成，就此意義而說每個因緣都能完全獨自成就總體房舍。

如此，要說個別部分的椽子等即是總相的房舍也可以，因為有椽子則有房舍，欠缺椽子即無房舍。如果說房舍即是椽子，則其餘的木板、屋瓦等也應即是椽子；因為，除去椽子便沒有房舍，房舍無法組成，它們就不稱為木板、瓦片等。因此可說，木板、瓦片等即是椽子，椽子即是房舍，一切都具有總相的意義。現在，一切既然同時成立，所以了知它們是相即的，融通無礙，自在圓極，難以思議，超出凡情所知。法性緣起的一切道理，依此可知。

說到「別相」，椽子等因緣別異於總體，如果不相別異則總體的意義不能成立，因為缺乏個別之時便沒有總體。原本以個別來成就總體，無個別即無整體；又個別即是以總體來成就個別。就這種意義來說，總體即是個別，所以能成為總體。

例如，椽子即是房舍，而可稱為總相；其本身即是椽子，所以稱為別相。如果不即是房舍，就不是椽子；如果不即是椽子，就不是房舍。總相與別相的相即，可依此思惟。只因為與總相相即，所以成為別相；如果不相即的話，總相在別相之外，所以非是總相；別相在總相之外，所以非是別相。如此，總相通於別相的意義。

接著說明「同相」。椽子等因緣和合共同造成房舍，因為不互相違逆，都稱為房舍的因緣，而非製作其他事物，所以成為同相。這與總相有何區別？總相是就一個房舍而說，同相則是就椽子等因緣而論；各個因緣雖體相各別，成就總相之力的意義齊同，所以稱為同相。

至於「異相」，就如椽子等因緣隨著自己的形體類別，相對而有差別。別異為何可通於共同？只因為別異，所以成立共同；如果不互相別異，椽子是一丈二尺，則瓦片也應該如此，那就破壞了原本可作為因緣之法，喪失前項的眾因眾緣齊同成就房舍的意義。現在既然房舍成就，同名為因緣，應當知道它們的別異。

「異相」與「別相」有何差別？前面的別相只指椽子等因緣有別於總體房舍，所以說為別相。現在所說的異相，意指椽子等各個因緣互相對比，各各異相。「別相」是相對於總相而說，房舍是總相，各個因緣是別相。「異相」相對於同相而說，各個因緣共同成就房舍，這是它們的同相；因緣之間互相別異，這是它們的異相。

然後是「成相」。憑藉這些因緣，房舍的意義成就；由它們成就房舍，所以椽子等稱為因緣，不如此的話，二者都不成立；現在得以成就，了知成相是互相成就。椽子等因緣依然各自安住自身特性，不變作房舍，房舍的意義始能成立；如果椽子等都變作房舍，即喪失原本的椽子等特性，就無因緣，房舍的意義無法成立。意思是說，因緣共同成就房舍而仍各自保有其自身特性。

最後是「壞相」。椽子等因緣各自安住自身特質，本來即不變作房舍；只因為因緣不變作房舍，房舍才得以成就；如果因緣都變作房舍，不安住因緣自身特質，房舍的意義便不成立。所謂的「壞相」，意謂因緣各各維持自相，分明羅列，如此方能作為因緣。

法藏總結說：「總相」即是一座房舍；「別相」即是眾因緣；「同相」即是互不違逆；「異相」即是眾因緣各自別異；「成相」即是眾因緣成辦一果；「壞相」即是因緣各住自身特性。

最後，法藏以偈頌總括六相的意義：

一即具多名總相，多即非一是別相；
多類自同成於總，各體別異現於同；
一多緣起理妙成，壞住自法常不作。
唯智境界非事識，以此方便會一乘。

將其語譯如下：一法即具足多法稱為「總相」；多法即非一法是為「別相」。多類特性（的因緣）各自共同成就總體（同相）；各個體性別異顯現於共同成就中（異相）。一法與多法緣起（無礙），真理巧妙成就（成相），「壞相」則各住自身特性而恆常無所作。這唯是智慧境界，非認識事法的心識所知，藉由這樣的方便義解會入一乘。

金獅妙喻助解悟

《金師子章》的演說因緣為：在新譯《華嚴經》大功告成之後，法藏講經出現地動瑞相，而受詔入宮，為女皇武則天講解華嚴無盡圓融教理；為了幫助女皇理解深奧微妙的圓教要旨，法藏能運用深入淺出的語言及巧妙易解的譬喻，令她聽得津津有味，似有所悟。

《宋高僧傳．釋法藏傳》記載這段佳話如下——

法藏為武則天講說新譯《華嚴經》，講到天帝網義、十重玄門、海印三昧法門、六相和合義門、普眼境界法門，這些義理篇章都是《華嚴經》的總相、別相教理網絡，女皇對此茫然不知，疑惑未決。

法藏於是指著鎮殿的金獅子作為譬喻來解釋。藉此撰述法義門類，簡單直捷，容易理解，稱為《金師子章》。列舉十重玄門的總體與個別之相，女皇於是領略其旨要。

《釋法藏傳》又說到，法藏為學習圓教奧義而無法明了者施設善巧方便，取來銅鏡十面放置在八方，及上下各一面，互相距離一丈多，各面鏡子彼此相向；中間安置一尊佛像，燃燒一把火炬照亮。只見光影交錯輝映，求學者因此了解國土剎海相即相入的無盡意義。法藏是如此善用巧妙譬喻與無礙辯才來化導學佛人士。

「師子」即現今所說的獅子。「師」是梵文siṁha（獅子）第一個音節的音譯，加上漢語尾綴「子」。「金師子」的「金」喻指法界本體，「師子」比喻萬象事法。法藏通過黃金與獅子的一體相即關係，說明圓滿具足的真理體性及隨緣現起的現象萬法之間的圓融無礙意涵。

《金師子章》篇幅短小，文字保存在宋代淨源所述《金師子章雲間類解》及承遷所撰《華嚴金師子章註》等注疏中。全書以十門為綱目，承遷各用八字概括十門義旨——

一、明緣起：萬像（象）本空，假緣方有。

二、辨色空：幻法紛然，真空不動。

三、約三性：迷之名相，悟之即真。

四、顯無相：相即無相，非相即相。

五、說無生：無生之生，生即無生。

六、論五教：根器不同，設教有異。

七、勒十玄：緣起交映，法法重重。

八、括六相：法無定相，舉一即多。

九、成菩提：萬行既圓，本覺露現。

十、入涅槃：智體即如，名大涅槃。

其中的第七門「勒十玄」與第八門「括六相」可說是法義重心所在。《金師子章》的十玄門名稱依用「古十玄」，解說內容不妨礙法藏成熟思想的表現。《金師子章雲間類解》的十玄門次第則與《華嚴經探玄記》一致，為此處引用所依文本。

解說「十玄門」

第一門「同時具足相應門」：

法藏解說如下：「黃金與獅子同時成立，圓滿具足。」法界體性與現象萬法之間，並非線性時間的先後關係，而是相即不離、同時成立的，任意提起一法，即具足一切法。

獅子具有頭、眼、腳、尾巴、毛髮等個別身體部分，譬喻緣起的種種現象差別事法。獅子全體依黃金而成立，黃金雖經製成獅子，仍保持其純一本性而不變。身體每個部分即是全體，收盡其他一切身體部分；整體與部分同時成立，全是圓滿具足。

第二門「諸藏純雜具德門」：

法藏如此說明：「如果獅子的眼根收盡獅子全體，則一切純然是眼根；如果耳根收盡獅子全體，則一切純然是耳根。諸根同時相收，都為圓滿具足。如此則一一根都雜然有別，一一根都純是全體，為圓滿藏。」

獅子的眼、耳諸根的本質為黃金，黃金遍於獅子全體，各個身體部分純然是黃金，又各自呈現其特性。獅子的眼根透過這種關係可含容獅子整體，獲得圓滿具足的意義；獅子其餘身體部分也都是如此。也就是說，個別事法可攝盡法界全體，各各具足一切功德，純一的理體與雜多的事法之間自在融通。

第三門「一多相容不同門」：

法藏說：「黃金與獅子互相容受而成立，一與多之間自在無礙。其中，理體與事法各有不同，或為一或為多，各別安住於自身位置。」

體性（理）是平等普遍的「一」，現象（事）是森然羅列的「多」；法界本體與現象萬法既是完全相即融通，而不泯除一與多的區別。黃金體性為

「一」，獅子身上各個部分為「多」，一與多和諧相容，性相無礙。

第四門「諸法相即自在門」：

金獅子身上的每一根、每一毫毛，都通過一體的黃金而能收盡獅子全體。一一根、一一毫毛都能通遍於獅子的眼根，其餘的耳根、鼻根、舌根、身根也都是如此。

獅子的眼根通遍於每一根、每一毫毛，一一根、一一毫毛交相通遍，眼根即是耳根，耳根即是鼻根，鼻根即是舌根，舌根即是身根。譬喻每一個事法既自在成立，又與一切事法相即交融，無障無礙。

第五門「祕密隱顯俱成門」：

若專看獅子，則只見獅子而不見黃金，即獅子顯露而黃金隱沒。若專看黃金，則只見黃金而不見獅子，即黃金顯露而獅子隱沒。若黃金與獅子齊看，則兩者同時既隱沒、又顯露。

隱即祕密，顯即顯了。法界體性與現象萬法之間，以及一一事法之間，顯現明了與祕密隱沒可同時成就。本體顯了，則現象隱沒；現象顯了，則本體隱沒，顯了與隱沒不相妨礙。

再者，以一法含攝多法（一切法），則一法顯了而多法隱沒；反之，以多法含攝一法，則多法顯了而一法隱沒。又如佛陀可同時在一處進入定境，而在另一處從禪定起來，一處隱沒，一處顯露。

第六門「微細相容安立門」：

法藏解說如下：「黃金與獅子，或隱沒或顯露，或一體或多相，定是純一或定是雜多，或成有力或成無力，此與彼相即不離，主與伴交相輝映，理與事一同顯現，全都相互含容，又不妨礙各自安立，微細事法都能成就。」

意思是說每個微細事法相即於整全的理體，皆能含容廣大無盡的一切事物，及進入一切事物之中，各個事法又能安立不雜，理與事、主與伴同時齊現。「有力」意指能主動含容者，「無力」意謂被動受含容者。

《華嚴經探玄記．卷一》說明，一法能含攝多法，一法是有力，因此能含容多法；多法依止於一法，多法是無力，所以潛入於一法。有力者與無力者同時安立，相容無礙。

第七門「因陀羅網境界門」：

獅子全身的一一毫毛中各有金獅子，一一毫毛中的獅子又同時進入一根毫毛之中，一一毫毛之中有無邊的獅子。再者，一一毫毛帶著這些無邊獅子，回頭進入一根毫毛中。一一毫毛即喻指一一事法，一層一層相互含攝，沒有窮盡。

如此重重無盡，猶如天帝網上的寶珠。

天帝釋的名號是因陀羅（Indra），天帝網即是因陀羅網。《華嚴經疏鈔·卷二》解釋「因陀羅網境界門」說，如同天帝宮殿上有繫著眾多明珠的羅網覆蓋，一顆明珠內萬像全部映現，所有明珠皆是如此；又互相映現影像，影像又映現影像，重重無盡。千光萬色雖然重重交映，而歷歷分明。

第八門「託事顯法生解門」：

法藏說：「說到這個獅子的相狀，以表示無明；說到黃金的體質，完全彰顯真實體性。理體與事法合起來論說，比如阿賴耶識，使人生起正確的理解。」

這裡援引《大乘起信論》「一心開二門」的義理架構，說明眾生的一心開出「真如門」與「生滅門」，依如來藏而有生滅心，成為不生不滅與生滅和合的狀態，非一非異，稱為阿賴耶識（ālaya-vijñāna）。此心識真妄和合，攝盡一切法，生成一切法。

阿賴耶識同時具有「覺悟」與「不覺」二義。依覺悟面，可使人生起對真如法性的正確理解；觀照不覺面，則使人生起對無明妄相的正確理解。現象世界容易觀見，真如實相體性幽微；依託生滅的現象事法，以掌握不生不滅的真如實性，從而對法界真心緣起的究極真理有所了悟。

第九門「十世隔法異成門」：

獅子是因緣和合的有為法，於念念之中生滅無常，於一剎那中即可分為時間上的三際——過去、現在、未來。過去中又有三世，現在、未來也是如此，合為九世。本來可繼續推衍下去，達於無窮世，而以九世作為代表。

雖然九世各各隔別，相互依待而成立，卻是融通無礙，同為一念。一念即具三世，三世又各具三世，因此說九世同為一念。此一念加上九世合為十世，一念為總，九世為別。一一生滅事法雖落於時間變遷之流中，而不離於當前一念，並能遍通十世，相即相入。

第十門是「唯心迴轉善成門」：

黃金與獅子，或隱沒或顯現，或純一或雜多，全部不具自性，由真心轉變生成。論說理體與事法，一切法皆由真心轉變而得成就與建立。

「唯心迴轉善成門」是華嚴法界緣起的重要觀念，名稱由智儼所立。他在《華嚴一乘十玄門》強調，一切義理教門全是如來藏性清淨真心之所建立，或善或惡都是隨心所轉，心外並無其他境界，所以說「唯心」。若順著真理轉即是涅槃，因此經典說「心造諸如來」；如果逆著轉便是生死，所以說「三界虛妄，唯一心作」。

法藏後來將此項名稱改為「主伴圓明具德門」，擴展了意義範圍，強調法界真心性起具足一切功德，萬事萬物與法界真理相即無隔，一一事法依如來藏真心隨緣現起，全都具足功德，自在無礙。一法為主，必有其餘諸法成伴，所有諸法圓通明了。

解說「六相」

「六相圓融」義理是華嚴教學彰顯法界緣起的另一套重要詮解架構，論述法界全體與個別事法及個別事法與個別事法之間的圓融無礙關係。金獅子同樣能作為解說六相的巧妙譬喻。六相可分成三對：總相與別相、同相與異相、成相與壞相。

關於「總相」與「別相」，《金師子章》說明如下：「獅子是總相，五根差別是別相。」整隻獅子喻指法界的整體，是含容多法的總相，是一；其身上的五根（眼、耳、鼻、舌、身五種生理感官）代表法界的一切差別事法，是別相，是多。

法藏於《華嚴五教章．卷四》說：「所謂的總相，由於一體而含容多種功德（各個部分的特性）。所謂的別相，由於多種功德並非同一。別相依止於這個總相，並且圓滿這個總相。」

其意義是說各個差別事法依據法界全體，而法界全體由差別事法總合構成。離開總相，別相即無所依存；缺乏別相，總相亦無由成立；二者互相依存、同時成立。必須總、別二相齊觀，了知其間的相即無礙關係，才不致以偏概全。

「同相」與「異相」顯示成就法界全體的個別事法之間的關係。《金師子章》說：「（五根）共同成就（獅子）的全體緣起，是同相；而眼根、耳根等不相混濫，是異相。」《華嚴五教章》說：「所謂的同相，由於多個事物不互相違逆，共同構成一個總體。所謂異相，由於多個事物相互對比，個個不同。」

紛紜繁多的差別事法共同構成法界總體的一大緣起，這些事法所同具的意義是同相，全部具備成就總體緣起的共通功用。雖然它們共同協力成立整體，這些事法各自維持其差異特性，因而又具有異相。同相與異相的關係是同時相成而各自保有特性。

「成相」與「壞相」亦是在說明個別事法之間的圓融關係。《金師子章》說：「由五根相合而成為獅子，是成相；五根各自安住於自身本位，是壞相。」成相意謂眾因眾緣和合而發生的成就之相，壞相意謂每個因緣各自安住其位之相。成相是從相合成就的意義來說；壞相意指和合成就的同時，各個部分仍舊安處於自身定位。成相與壞相亦是相即無礙。

《華嚴五教章》說：「所謂成相，是因為由這些事物因緣和合而成就；所謂壞相，是因為各個事物安住自身性質而不改動。」一切個別事法互相和合而成就法界全體，若個別事法不相和合即不成就。縱然眾因眾緣和合而成就一個整體，作為部分的個別事法依然維持其本身狀態。

《法界觀門》入玄理

「十玄門」與「六相圓融」的華嚴宗義，闡釋廣大法界緣起的理事圓融、事事無礙，一即一切、一切即一、相攝相入、重重無盡，如此不可思議內涵的佛智所見境界，意在使研修經典者對究竟圓滿真理獲致全面的掌握，所以不厭其詳地從多維視角反覆論說。

佛教倡導「解、行」雙修。極致奧妙的圓教法義通過十玄門與六相圓融那樣的教學詮釋模式來演示，提供可運用邏輯智性以進行理解與思惟的本宗教法論據。華嚴祖師更提出由淺入深的真理禪觀行法，為圓教行者開啟進入法界真理的門徑，這就是「華嚴法界觀門」。

對於華嚴圓教義理，唯有精進不懈地讀誦與思惟，以獲得解悟的層次；其後，依禪定安心以提升智慧領悟力，觀照甚深微妙理境，達成真實體悟，始為依聞、思、修漸次趣入事事無礙緣起實相的法界觀門之道。

《華嚴法界觀門》的作者在華嚴宗傳統上是歸於初祖杜順，也被完整地收錄在法藏所撰述的《華嚴發菩提心章》，澄觀與宗密亦對此論做出疏解。足見「法界觀門」是宗門公認的圓教真理觀修行法。

華嚴法界觀門分為三種次第觀法：「真空觀、理事無礙觀、周遍含容觀」。華嚴宗義將觀照法界的視域歸納為四個層次：「事法界、理法界、理事無礙法界、事事無礙法界」。澄觀《華嚴經疏鈔・卷十》說「周遍含容觀」即對應到四法界之中最高的「事事無礙法界」。

「事法界」的「事」意指事物，觀看現象世界的差別事物。「理法界」的「理」是實相真理，觀照平等共通於一切事物的真實體性，主要指空性真如。

「理事無礙法界」觀照真實體性與現象事物的一體相即、融通無礙的真理境界；這個層次的真理體性是指眾生本具的清淨佛性。「事事無礙法界」觀照一一事法的相攝相入、重重無盡的法界圓通關係。

華嚴教學透過前述十玄門與六相論說法界真心緣起無盡圓融、自在無礙的中心思想，既抽象又深奧，可能有些繁複。雖然法藏善巧運用房舍與建材、黃金獅子的具體譬喻，對讀誦經典者了解義旨有莫大助益，其精深理趣依然令人感覺難以把捉。

或許可換個逐步引導的解說方式，從凡夫對萬象世界的迷執開始，層層開解，最後昇華到華嚴法界的事事無礙境界。普通人的世界觀是「事法界」層次，為現象世界的森羅萬法所迷惑，以為種種事物各自真實而獨立存在，一一事物差異隔別，對它們形成實有的執取，致使苦樂覺受紛起，不斷增長貪愛與瞋恚煩惱。

佛陀教法於是採用「真空觀」來顯示「理法界」真象，告知世人現象諸法都是因緣和合、無常變異，不具有永恆不變的自性，諸法皆空。了悟空性可破除以為事物實有的錯誤知見，消解我執與法執。

只是偏依空性來觀照世間萬法，雖然合於真如實相，仍不夠全面。佛教般若法義進一步闡述緣起性空的中道思想，解明緣起與性空相即，倡導空有雙觀，超越有相與空相的概念執取，以避免落入實有或虛無的一邊極端。

再提升一層的「理事無礙觀」，主要依據佛性如來藏教理，闡釋如來藏理體具有「空」與「不空」二面，真如本性清淨，具足一切功德；雖受客塵煩惱所遮蔽，能隨緣顯現萬法而不改變清淨本性，貫徹於一切現象之中，理體與事法融通無礙。

華嚴教學在理事無礙的義理高度之上，更安置「事事無礙觀」或「周遍含容觀」的究極圓滿觀法，講述每一個事法即是法界真心，法界真心含具一切諸法，所以一一事法亦是含容一切，並且含攝於各個事法之中，應於一一事法上見到無盡圓融的究竟實相。

可用大海與波浪的意象來幫助思考這種不可思議的事事無礙境界。大海上顯現無數波浪，一一波浪看似獨立存在，而每個波浪之水與大海之水一體無隔，將任一波浪依沿著大海水不斷延展，這個波浪便是大海全體。一個波浪即含容大海中一切波浪，同時也進入其餘各個波浪之中，所有的波浪都是如此，交融無盡。一即一切，一切即一，法界緣起圓融無礙的不可思議真理智境仍有其解悟之道。

《華嚴經》演說法界緣起教義的經文以自在對話形式，應機開示如來的廣大無礙智慧境界，為修學者進行法界實相的禪觀思惟時提供教理依據，本非高度運用邏輯論證的論書式表述；然而，若非上乘根機者實難依靠個人智慧悟性趣入法界真理的堂奧。通達教理的睿智論師們，為了覺悟他人而做出的系統性詮釋，是打開經典義海的關鑰。

法藏的「十玄門」與「六相圓融」論述，其重要意義與價值即在於此：以邏輯論理的模式，使更多人得以依憑理性思惟尋求進入華嚴玄義。十玄門與六相就是要從多重視角切入事事無礙的真實圓滿理趣，各門法義相互補充，幫助經典研讀者排除理解障礙，導入禪觀修習，深刻地領悟法界真理。

【註釋】

註一：方立天，《法藏》，臺北：東大圖書公司，一九九一年，頁一三七。

註二：《華嚴經探玄記．卷十八》說：「七、順法界，謂六度正行等；八、違法界，謂五熱眾鞞等。」「五熱」苦行是出於《華嚴經．入法界品》善財所參勝熱婆羅門的修行法門：「漸次遊行，至伊沙那聚落，見彼勝熱修諸苦行，求一切智。四面火聚，猶如大山，中有刀山，高峻無極，登彼山上投身入火。……婆羅門言：『善男子！汝今若能上此刀山，投身火聚，諸菩薩行悉得清淨。』」唐代澄觀於《華嚴經疏鈔．卷十一》解釋說：「勝熱婆羅門火聚刀山，即是般若無分別智等，皆其事也。故一一事即具無盡之法故。」若通達法界真理，外道苦行亦是體證無上菩提的方便。

參・古今中外傳華嚴

> 世之學華嚴者，莫不以賢首為宗；而賢首之書傳至今日者，僅藏內十餘卷耳。後人閱清涼大疏，咸謂青出於藍而青於藍，因欲易賢首宗為清涼宗，蓋未見藏公全書故也。

法藏的華嚴思想與實踐深受智儼啟發，加上自身精勤研究、講說與撰述，還有參與《華嚴經》譯場的得天獨厚機緣，對南北朝以來的華嚴佛學集其大成，建構弘博精深的義理體系，為華嚴宗的成形與發展奠立基業。

在法藏圓寂之後，門下弟子繼續傳播其思想創獲與真理觀法，接引與教化契機的華嚴佛子。承載其智慧結晶的華嚴論著，更是宗門的鎮山之寶，是指引歷代佛教學人深入華嚴義理的大善知識。

法藏所傳華嚴教學的影響效應，範圍及於古今中外，此處從二方面進行觀照，其一是對中國歷代佛教的影響，其二是對東亞域外佛教的影響。

唐代諸師續其功

法藏弟子慧苑與文超都是承繼其華嚴教學的優秀傳人，都有相關著作流傳。慧苑（西元六七三年至？）本於師尊所傳授的經義疏解，再融通其他佛典法義，帶有某種程度的創造性詮釋，延續老師的華嚴義學。文超（生卒年不詳）除了忠實地理解法藏的華嚴義理論述，也朝向具體觀法的延伸詮解。

慧苑撰有《續華嚴經略疏刊定記》二十卷，在義天所錄《新編諸宗教藏總錄．海東有本見行錄》，見到當時在高麗流傳的《華嚴經》注釋書，除了慧苑的《刊定記》，還有「法詵創造，正覺再修」的《刊定記纂釋》二十一卷（或十三卷）。法詵（西元七一八至七七八年）應該曾受學於慧苑，才會撰寫這本複疏。

《宋高僧傳．卷五》收有〈釋法詵傳〉，記載他在十五歲出家，由故鄉的恩貞法師傳授《華嚴經》、《菩薩戒》、《起信論》等，對華嚴事事無礙要旨有特殊領悟；先後講說《華嚴經》十遍，著有《儀記》十二卷。其師恩貞的生平事跡不詳，與法藏是否有師承關係不得而知。

四祖清涼澄觀

法詵在杭州天竺寺講《華嚴經》時，有越州（今浙江紹興）僧人澄觀（西元七三八至八三九年）在座聽講，從而開決疑惑，領略精深義趣。

《宋高僧傳．釋澄觀傳》記載澄觀十一歲出家，泛覽佛教經論，廣參諸宗學說。大曆年間於瓦官寺傳授《起信論》與《涅槃經》；在淮南法藏處學習海東的《起信論疏》；又到天竺寺詵法師門下研習《華嚴經》。

唐代裴休所撰〈清涼國師妙覺塔記〉則記述，澄觀是依止東京（洛陽）大詵和尚聽受《華嚴經》的深奧法義，一經耳根即能領會與演說。大詵讚歎說：「法界真理全在你身上了！」裴休與澄觀為同時代人，這篇塔記內容較為可信。《佛祖統紀・卷二十九》亦記載澄觀是在洛陽向大詵受學《華嚴經》。這位大詵或許就是撰寫《刊定記纂釋》那位法詵，澄觀從他那裡聽受法藏一系的《華嚴經》解釋。

澄觀在大曆十一年（西元七七六年）誓願遊歷五臺山參拜文殊菩薩及前往峨嵋山禮敬普賢菩薩。後來駐錫五臺山大華嚴寺（今顯通寺），專行方等懺法。寺主賢林請他講解《華嚴經》及其論疏，他有感於此經舊疏文句繁難而意義簡要，想撰寫新的經疏。

自興元元年到貞元三年（西元七八四至七八七年），澄觀完成《華嚴經疏》，寺方特別舉行千僧齋以資慶賀。這部新譯八十卷《華嚴經》全本注疏對法藏的經義疏解多所參考。隔年，寺主請他講說新作經疏。貞元七年，河東節度使李自良又禮請他在長安崇福寺講解。

根據前引塔記，由於《華嚴經》教理深奧，《華嚴經疏》義理廣博，澄觀想進一步解釋經疏文句，於是指導上首弟子覺人、僧睿、智愷等人編撰《隨疏演義鈔》四十卷及《隨文手鏡》一百卷。

貞元十二年（西元七九六年），詔令般若三藏傳譯四十卷《華嚴經》，延請澄觀擔任刊正職務。貞元十四年譯經完畢，德宗詔請澄觀講演新譯經典義旨，非常歎服，又命他為這部新經撰寫注疏。他於是在終南草堂寺編成《貞元新譯華嚴經疏》（《華嚴經行願品疏》）十卷，進獻朝廷，皇上詔令在兩街（左、右街功德使，掌管全國僧籍）各講一遍。

貞元十五年，德宗壽誕，詔請澄觀進入內殿講說《華嚴經》，賜號「清涼國師」，禮拜他為教授和尚。他常入宮為皇帝說法，有「七帝門師」之稱。其著述成果豐碩，人稱「華嚴疏主」。

澄觀於開成四年（西元八三九年）圓寂，世壽一〇二歲，僧臘八十三，葬於終南山石室。門下出家弟子為人師者三十八人，海岸、虛寂為上首；稟受法義的學徒達千人之數，東京僧睿、圭峰宗密特別得其奧旨。

澄觀的《華嚴經》義學遠承法藏。他曾受學於慧苑弟子法詵，既有繼承又有批判，看出慧苑所釋觀點與法藏出入不少，而想復歸於法藏的經義詮釋。他在《華嚴經疏鈔．卷二》批評慧苑對法藏《華嚴經略疏》的補續著作未能真正繼承師尊，致使後學輕看《華嚴經》，無法汲取毘盧遮那佛的心源道流，對普賢行海望涯茫然。

他對新譯《華嚴經》全本做出疏釋，徵引法藏的許多見解。由於法藏疏著的失傳，澄觀這本經疏對後世華嚴義學影響效應非常大，在歷史上很長一段時間，成為理解八十《華嚴經》的首要參考資源。

南宋祖琇所編《隆興編年通論》（成書於西元一一六四年）卷十四記載：法藏過世後，清涼國師澄觀宗奉其教學，獲得天下學者推崇，視為「一念圓融具德宗」，稱之為「賢首教」。可見澄觀是公認的法藏真正傳人。

不過，從「一念圓融具德宗」這個稱呼來看，澄觀的「一念」心性思想趨向較法藏強烈。

五祖圭峰宗密

澄觀最著名的弟子是圭峰宗密（西元七八〇至八四一年）。根據《宋高僧傳・卷六・宗密本傳》，他少學儒書，元和二年（西元八〇七年）於道圓禪師座下剃髮出家。行腳各地，參訪多位禪師，曾在蜀地獲得《圓覺經》，深達法義，發願弘通。後來又在襄陽喜獲病僧所贈的澄觀《華嚴經》注疏，未曾聽聞，於是研究後為大眾講說。

宗密佛教學識淵博，著有《圓覺》、《華嚴》及《涅槃》、《金剛》、《起信》、《唯識》、《盂蘭盆》、《法界觀》、《行願經》等經論疏鈔，及撰寫各類佛教論述與禮懺儀法，又彙集諸宗禪語為《禪藏》。

宗密的華嚴佛學起先是私淑澄觀。在《圓覺經略疏》之後附有〈遙稟清涼國師書〉，信中說道，自己參學善知識，獲贈杜順的《華嚴法界觀門》，與同志道友四人琢磨數年。又在襄陽恢覺寺遇到靈峰闍梨，為澄觀門下一位哲人，在病重之際將《華嚴經疏》與《疏鈔》授予宗密。他如同渴逢甘露，歡喜踴躍，就在山中閉關鑽研，廢寢忘餐，日夜披讀，以疏通經，以鈔釋疏，大有所得，誓願闡揚這部經典。

宗密由於未曾拜見過澄觀，於是書寫一封信函，及撰述「領解新疏鈔中關節血脈」一篇，同澄觀遙敘門人之禮，派遣弟子玄珪與智輝送去。澄觀回信說，兩人雖未謀面而能相傳，肯定宗密能得其心；同時也說，如能見上一面，印可所解，那就更好了。

宗密終於在元和七年（西元八一二年）在洛陽禮見澄觀，獲得澄觀的印可。隨後二年間，日夜隨侍老師，受學《華嚴經》義理。

自此以後，宗密縱然在各地寺院弘講，遇到疑問之處，仍持續與老師保持書信往來，諮問與決疑。

他在《圓覺經大疏釋義鈔．卷一》自言，長慶二年（西元八二二年）在南山豐德寺注釋《華嚴經》，依《華嚴經疏》中的關節理出次序貫通全體經文，便於講說者記持，撰成《華嚴綸貫》五卷。可惜，宗密的這部著作已經亡佚。

宗密撰述《註華嚴法界觀門》，在介紹作者之處，說道此書撰者杜順是《華嚴經》新舊二疏的初祖，智儼為二祖，法藏為三祖。這是目前所見最早的華嚴宗祖系說，應是順著澄觀的師承往上追溯吧！

宗密同時具備華嚴宗與禪宗的傳承。從其現存著作來考察，身處禪宗勃興的文化環境，他的佛學思想極具會通精神，強調「禪教一致」，朝向華嚴與禪宗的融合。再者，「如來藏真心」思想的氣息在其說理中相當濃厚，已非以華嚴義理為主要根據。

唐代另一位著名《華嚴經》注釋家是李通玄（西元六三五至七三〇年），與法藏一系的傳承關係不大，自行掩關研究與注解經典。如果要說他在哪些方面受到法藏的影響，首先為其注疏《新華嚴經論》是依據新譯《華嚴經》；再者，他在經典注釋中對法藏的《華嚴五教章》與《華嚴經探玄記》有所引述，而做自由的解釋，形成自己的思想。

宗密於會昌元年（西元八四一年）入滅。沒過幾年就發生會昌法難，後周時代又再度毀佛，加上唐末五代的戰爭紛亂，致使佛教義學的傳衍遭受巨大打擊，華嚴宗門要籍散失嚴重。

五代與北宋之華嚴思想發展

從宗密以後到北宋重興的這段過渡期間，華嚴佛學的延續情形，永明延壽（西元九〇四至九七六年）的著述提供一些線索。

延壽撰述《宗鏡錄》一百卷，他將《華嚴經》義理宗旨視為「圓宗」，如此書序文說：「一心之海印，楷定圓宗。」他參考澄觀與宗密的論述來理解華嚴教理，並用自己創獲的「一心」思想來究明圓宗，有將五教中的「終、頓、圓」三教融會為一體的明顯傾向。

在《宗鏡錄・卷六》，對於「立心為宗」以何者為歸趣這個問題，他以「十義」回答，最後一義解釋說：因與果這二個層次，各隨著差別的法門，無不總體含攝法界，因此一一法門、一一修行、一一位次、一一功德，都各自總體含攝無窮無盡、帝網重重的一切法門大海，這稱為「華嚴無盡宗趣」。以《華嚴經》的真實教法總體含攝所有經典，標舉無盡的圓宗能具足萬法，可說是周遍無礙、自在融通，才是顯明吾人真心，能成就宗旨明鏡。

這種清淨真心的華嚴思想觀點，反映中國佛學融合態度的發展潮流，而與法藏所傳的華嚴義理已有一大段距離。法藏一系的華嚴教學，有待歸心於華嚴傳統義解的佛教學人來實現復歸運動。

據南宋志磐所編《佛祖統紀・卷二十九・「諸宗立教志・賢首宗教」》所

列華嚴宗祖師傳承如下：「初祖終南法順法師、二祖雲華智儼法師、三祖賢首法藏法師、四祖清涼澄觀法師、五祖圭峰宗密法師、長水子璿法師、慧因淨源法師、能仁義和法師。」以下便陸續介紹五祖後之傳承。

長水子璿（西元九六五至一〇三八年）九歲出家，後來拜在天台宗山外派的洪敏座下，或許由此涉獵一些華嚴學說。相傳他也曾跟隨臨濟宗的瑯琊慧覺習禪。章衡於元祐三年（西元一〇八八年）所撰〈重修長水疏主楞嚴大師塔亭記〉提及他依止洪敏法師傳賢首教觀，而於《楞嚴經》尤其究明微言大義。

子璿精通《楞嚴經》與《起信論》，與華嚴教理的關聯並不緊密；將其列入華嚴法脈，主要是其弟子淨源為宋代中興華嚴的領袖人物。淨源在〈教義分齊章重校序〉（收於《圓宗文類・卷二十二》）說：法藏講述《華嚴一乘教義章》開顯一乘的深意，闡發五教的微言；澄觀解釋《華嚴》大經；宗密詮解《圓覺經》；子璿注釋《楞嚴經》，都出於對一乘的高遠心志，對五教的潛心研究，而撰述章句。如此，將子璿連上華嚴諸祖的傳法脈流。

慧因淨源（西元一〇一一至一〇八八年）為泉州晉江人，到北方出家學法，曾於五臺山向承遷學習華嚴，又於橫海明覃處受學李通玄的《新華嚴經論》。返回南方後，聽子璿講《楞嚴經》、《圓覺經》與《起信論》，四方學者推崇他為「義龍」。他後來住持慧因寺，將其建設為重興華嚴的基地。

高麗僧統義天（西元一〇五五至一一〇一年）於元祐元年（西元一〇八六年）泛海來華問道，多次上表請求傳授華嚴教義，以便返國傳法。朝廷選派洛陽覺嚴寺的有誠法師擔當此任，有誠又薦舉淨源，由官員楊傑護送義天至杭州祥符寺拜見淨源。

在杭州知府蒲宗孟的安排下，淨源與義天住進慧因寺研習華嚴教理。原本華嚴一宗的許多典籍散佚已久，因義天攜來部分唐代華嚴疏鈔諮問法義，失而復得。元祐三年，朝廷正式批准蒲宗孟的奏請，將「慧因禪院」改為「慧因教院」，完成由禪宗向華嚴宗的轉化。當年十一月，淨源在寺中示寂。

淨源致力於華嚴宗典籍的蒐集與勘定，傾注心力於華嚴義理的研究，並且撰寫多種華嚴宗教典的疏解，對華嚴義學的振興做出巨大貢獻。他還建立華嚴宗七祖的相傳譜系，提高華嚴宗的宗派意識。

淨源尤其留心於《華嚴一乘教義分齊章》（《華嚴五教章》）的校訂與刊印工作。他所再治的版本流傳到日本成為「宋本」，同時也帶動南宋時代對法藏這部著述的研究與論辯。

魏道儒在《中國華嚴宗通史》指出淨源中興華嚴宗的四方面表現：「其一，建立了永久弘揚華嚴宗的基地慧因寺；其二，終生致力於華嚴典籍的收集和整理；其三，提出華嚴宗新的傳法世系；其四，以華嚴教義解釋其他較流行的佛教典籍，促動華嚴學在整個佛學中的運行。」（註一）這是相對全面與公允的評價。

遼朝之華嚴思想發展

五代至北宋時期的遼朝（西元九一六至一一二五年）華嚴教學亦頗有發展。遼王朝的領地雖位於現今中國的版圖之內，但在五代與北宋時期，是契丹人在中國北方所建立的異族王朝。當唐末五代華嚴教學在中國處於衰頹的時期，卻意外在遼王朝成為顯學。

遼朝的華嚴義學繼承唐代傳統，受澄觀的思想影響很大。遼道宗耶律洪基（西元一〇三二至一一〇一年）以帝王之尊倡導華嚴佛學，著有《華嚴經隨品讚》十卷，各品的讚頌收於高麗僧義天所編的《圓宗文類．卷二十二》，表示也傳到海東。

鮮演（西元一〇四八〔？〕至一一一八年）是最出色的華嚴學者，遼道宗常召他入宮，賜號「悟理圓通」。他撰述《華嚴懸談抉擇》六卷，闡釋澄觀的《華嚴經疏鈔懸談》，先後傳入高麗、日本。他的心性論、禪教一致、台賢一致、性相圓融等論述觀點，頗受澄觀與宗密的思想啟發。

覺苑奉敕撰寫《大日經義釋演密鈔》十卷，及道㲀所著《顯密圓通成佛心要集》二卷，強調顯圓與密圓的融通，顯教圓宗即是華嚴佛學。（註二）他們的華嚴圓宗義理受到澄觀與宗密的影響，表現華嚴圓教與清淨真心融合的趨向。

南宋至民初之華嚴思想發展

圓證義和的活躍時代是在南宋乾道年間（西元一一六五至一一七三年），曾擔任華嚴道場慧因寺的住持，晚年移居平江（今江蘇吳縣）能仁寺。他竭力收集漢地流傳與高麗回傳的華嚴宗教典，推動這些典籍的整理、勘刻與入藏；

將智儼、法藏、澄觀、宗密諸師的論著雕版流通；及復刻崔致遠所撰的〈法藏和尚傳〉。

義和發揚華嚴義理的另一項成績，是撰述《華嚴念佛無盡燈》（僅存收於《樂邦文類．卷二》的序文），蒐集與闡述散於《華嚴經》與宗門諸祖著作之中的淨土念佛法門，從華嚴佛學立場來觀照淨土行法，提出與西方淨土佛教有所區隔的「華嚴圓融念佛」法門，期使見聞者不動腳步而歸於淨土，不起思量而日僧凝然等人提出「宋代華嚴四大家」之說，指「道亭、觀復、師會、希迪」四位《華嚴五教章》注釋者。四位法師的著作流傳到日本，某種程度代表當時華嚴義學的發展情況。他們將討論重心放在法藏的五教判釋論著，有不同理解及發生諍論，特別是觀復與師會之間的論戰。

可堂師會（西元一一〇二至一一六六年）繼義和之後成為慧因教院的住持。他自幼留心華嚴教典，尤其精通智儼的《華嚴經孔目章》。他著有《華嚴一乘教義章焚薪》二卷、《華嚴一乘教義章科》一卷等書。晚年撰寫《華嚴一乘教義分齊章復古記》，欲發明華嚴圓頓義旨；可惜，書未完成便辭別世間，由弟子善熹（西元一一二七至一二〇四年）續成。

關於「復古」的意義，善熹在《復古記》書末說：「現在書名『復古』，因為先師（師會）專用《搜玄記》與《探玄記》二玄，及《孔目章》、《五十要問答》等解釋前代諸師所論而作此記。」師會應是不滿澄觀與宗密的觀點占據當時華嚴學說主流，希望回歸到智儼與法藏的正統華嚴義理。（註三）

蒙元時期，北方的《華嚴經》弘傳重鎮是五臺山，仲華文才（西元一二四一至一三〇二年）為代表人物。據《佛祖歷代通載．卷二十二》所載，文才身兼洛陽白馬寺與五臺山萬聖佑國寺的住持，元成宗為他鑄造金印，署名「真覺國師」。他一生以「大弘清涼之道」為己任，應是以澄觀的華嚴論著為依據。著有《華嚴懸談詳略》五卷，可惜不存於世。

文才的嗣法弟子有大林了性（？至西元一三二一年），為五臺山普寧寺的開山住持；及幻堂寶嚴（西元一二七二至一三二二年），奉詔繼任其師的萬聖佑國寺法席，後來又奉詔擔任普安寺住持。文才一系的華嚴學人傳弘賢首宗教，鞏固五臺山作為北方華嚴教學中心的地位。

除了五臺山的華嚴佛學傳承，元代北方的《華嚴經》修學特色是華嚴與密法的結合。至於江南的《華嚴經》研修，其一為承接宋代華嚴佛教的餘緒，宣講華嚴教理；其二為華嚴與禪法的結合，呈現以清淨心性為本的法界圓融思想與圓頓一乘修行。（註四）

元僧普瑞駐錫南詔蒼山（於今雲南大理）再光寺，生平事跡已難考證。其在長水子璿之後，集宋、元兩代華嚴學之大成，人稱「華嚴宗主」。著作有《華嚴懸談會玄記》四十卷，及補註《華嚴經海印道場十重行願常遍禮懺儀》四十二卷，今仍存世。《華嚴懸談會玄記》於明初收入北藏，甚受肯定。其注釋次序是先示科文綱目，次舉經文，然後引澄觀的《華嚴經疏》，最後引《華嚴經疏鈔》。

明代中期以前，華嚴佛學的弘傳稍顯沉寂。晚明佛學復興，關於華嚴宗的傳承情形，雖然法藏的《華嚴五教章》研讀者眾，但最受推崇者是澄觀的《華嚴經疏鈔》與李通玄的《華嚴經合論》。（註五）

蓮池大師雲棲袾宏（西元一五三五至一六一五年）對澄觀《華嚴經》注疏給予至高評價：方山（李通玄）的論著自是千古雄談，而論有論體，疏有疏體。總體闡明大義，則方山專美於前；探求極致奧理，窮盡微妙深義，則方山獲得清涼（澄觀）始為完備。何止是方山，就是杜順到賢首諸祖，也是獲得清涼而為完備。（《雲棲法彙．卷十九．答蘇州曹魯川邑令》）他推崇《華嚴經》，且將澄觀的教理解釋視為諸家當中最完備者。

蓮池大師是淨土祖師，援用華嚴義學來充實淨土教理，闡明法界一心的妙旨。他所作的《阿彌陀經疏鈔》從書名來看，應是沿襲澄觀《華嚴經疏鈔》的疏解形式，注釋內容也對華嚴典籍多所引述。在判教方面，就採用華嚴宗的「小、始、終、頓、圓」五教架構，將《阿彌陀經》判為頓教，兼有少分圓教。

憨山德清（西元一五四六至一六二三年）十九歲在無極守愚座下剃度，聽聞老師講授澄觀的《華嚴懸談》，信受法界圓融宗旨；聽到海印三昧常住用之處，忽然契悟，於是歸心法界之宗。（〈妙法蓮華經通義後序〉）

德清在〈雪浪法師恩公中興法道傳〉（收於《憨山老人夢遊集·卷三十》）說：「唐代賢首法藏最初開闢華嚴法界一宗，清涼澄觀獨擅其美。」他的字號為「澄印」，透顯出對澄觀的心儀。

憨山大師編撰《華嚴經綱要》八十卷，提挈澄觀《華嚴經疏鈔》的要義，合八十卷《華嚴經》的經文，編為一冊；書中三十餘處用「補義」標示，補充德清個人的見解。此書序文說到，澄觀是《華嚴經》的勳臣，而德清要擔當《華嚴經疏鈔》的導師（嚮導）。序文中概述華嚴四法界的意義，總結說四法界唯是一心，離心之外無法可說；心也是假名，極為不可思議，即是一真大法界。

明末清初的灌頂續法（西元一六四一至一七二八年）為雲棲袾宏五世法孫，重視華嚴判教學說，康熙元年（西元一六六二年）開始研究華嚴宗諸祖教部。他於康熙五年重治《賢首五教儀》成六卷；由於篇幅稍大，於康熙八年節略為《賢首五教儀開蒙》一卷。他曾於康熙十四年與二十年各講《賢首五教儀》一遍，聽眾茫然，因而認為非略本無法開蒙，而詳本是用在教導久學者。康熙十五年又出《五教儀科註》四十八卷，為詳細註釋書。

續法的其他華嚴相關著述包括《華嚴宗五祖略記》一卷、《華嚴宗佛祖傳》十四卷、《賢首五教斷證三覺揀濫圖》一卷、《法界頌釋》一卷、《法界宗蓮華章》一卷、《法界鏡燈章》一卷、《法界觀鏡纂註》二卷、《賢首十要》二卷、《華嚴別行記》八卷、《華嚴圓談》二卷等。（註六）一生編纂、著述、講解、刊刻華嚴典籍不遺餘力，是清代在江南弘傳華嚴教學的代表性人物。

續法之後有達天通理（西元一七〇一至一七八二年），撰作《五教儀開蒙增註》五卷。《新續高僧傳．卷十．通理本傳》說他在京城向永祥寺的有章元煥學法，深得祕要，於是闡發華嚴「十宗五教」義旨。他於乾隆六年（西元一七四一年）在北京遺光寺建《華嚴大疏》講期三年；十二年建《華嚴懸談》諸經三年講期，為清代中期弘講華嚴學的著名僧人。

月霞顯珠（西元一八五八至一九一七年）是清末民初時代華嚴宗復興的關鍵人物。他於光緒五年（西元一八七九年）在南京出家，以華嚴學為所宗的楊仁山即在這個城市創辦金陵刻經處，兩人常往還討論。月霞出家後，遊歷名山，參訪善知識，留心教典，初學天台；因見華嚴一宗衰落，而以發揚華嚴佛學為己任。

月霞歷遊大江南北，也去過日本與南洋，隨緣講經，頗受稱道。光緒三十四年（西元一九〇八年），楊仁山創辦祇園精舍，月霞受邀授課，亦主持過江蘇省僧師範學堂的新式教育學府。

辛亥革命後，月霞受請到上海講《大乘起信論》，獲推薦為哈同夫人羅迦陵（Liza Roos，近代上海英籍猶太裔房地產大亨哈同〔Silas Aaron Hardoon〕的中國籍妻子）講經。哈同夫人賞識其佛學才華，與起弘揚佛法之念；與康有為等人商議後，在哈同花園辦理華嚴大學，委由月霞規畫。

西元一九一四年，華嚴大學正式開學。數月後，適逢哈同夫人六十壽誕，有人唆使要全體師生向她行跪拜禮，師生相當氣憤，本想關閉學校；經各方人士相助，將校址遷往杭州海潮寺。

華嚴大學興辦時間不長，但培育出一批弘揚華嚴的學人。月霞弟子中多有繼承其華嚴教育事業者，如慈舟在常熟興福寺創辦法界學院，戒塵與了塵在漢口九蓮寺創辦華嚴大學。（註七）

最後，應當介紹楊仁山（名文會，字仁山；西元一八三七至一九一一年）對現代法藏華嚴教學重興的貢獻。宋代以後，法藏著作多數散佚，研究華嚴教法者多依澄觀與李通玄的《華嚴經》注疏，對中國華嚴學未得比較全面的認識。楊仁山努力收集流傳於日本的華嚴宗典籍，使法藏的《探玄記》等重要論著重新成為華嚴學人的研修典據。

楊仁山在匯集現存法藏著述之後，刊刻「賢首法集」，他於〈賢首法集敘〉做出如下評論：世上學習華嚴者無不以賢首法藏為宗祖；然而，賢首的著作流傳到今日，僅存藏經內的十餘卷。後人閱讀清涼澄觀的《華嚴經》大疏，都說青出於藍而勝於藍，於是想將「賢首宗」改為「清涼宗」，大概是未見法藏全體著述的緣故。

他接著說：近年四海交通發達，得與東瀛南條文雄交遊，訪求古德逸書數百種，所謂的賢首十疏已得到其中六部，才知澄觀的大疏都是本於《探玄記》。

法藏撰述新《華嚴經》注疏，未完成而辭世，其後二十七年澄觀始出生；等到他撰作經疏，完全依據法藏，這難道不是乘願再來，闡發《華嚴》大經嗎？

法藏所傳華嚴教學綿延一千三百餘年，經歷數度的消沉與重興。現今中國佛教界所能獲得的法藏著作相較古代多出許多，且取得方便，佛教學界亦有專研法藏思想者，研究成績得以提升與累積。這是一個難得的振興機遇，相信法藏華嚴教學的影響效應將會在華人佛教圈中持續發酵與擴散。

東亞域外得[illegible]緣

法藏的華嚴論著在其生前已傳布到新羅，其弟子在其圓寂後亦有前往東瀛傳法者，他的思想影響力在唐代已傳布到域外。在日本與韓國的佛教歷史上，都可看到華嚴宗的傳承。

朝鮮半島華嚴宗之發展

新羅的義相（湘）（西元六二五至七〇二年）於龍朔元年（西元六六一年）乘海船在揚州登岸，輾轉到達長安，於次年進入終南山至相寺，禮拜智儼為師，學習《華嚴經》，與法藏同窗一段時日。

總章元年（西元六六八年），智儼示寂，義相繼續留在大唐學習。咸亨元年（西元六七〇年）離開至相寺進入長安城，再從長安起程前往登州（今山東半島東端），在那裡搭上海船，於文武王十一年（西元六七一年）回到新羅。義相在太白山下創建浮石寺為本山，講授華嚴佛學，受尊為「海東華嚴初祖」。

義相一門的僧侶眾多，其中有悟真、智通、表訓、真定、真藏、道融、良圓、相願、能仁、義寂等被尊為「相門十德」。傳法的寺院系統除了浮石寺之

外，還有毘摩羅寺、海印寺、玉泉寺、梵魚寺、華嚴寺等九座，合稱「華嚴十剎」。（註八）

法藏寫給義相的〈寄海東書〉是在新羅孝昭王元年（西元六九二年）由勝詮法師帶回海東遞交給義相。信函中表達相別二十餘年，非常懷念，末尾列示委託勝詮帶回的法藏著作，包括《華嚴探玄記》二十卷（兩卷未成）、《一乘教分記》（《華嚴五教章》）三卷、《玄義章》等雜義一卷、《別翻華嚴經中梵語》一卷、《起信疏》兩卷、《十二門論疏》一卷、《新翻法界無差別論疏》一卷。

義相所傳者是智儼教授的華嚴佛學；相傳，他在小伯山錐洞講授《華嚴經》時，有三千人雲集，可見其傳法盛況。法藏的著作送至新羅後，據崔致遠《法藏和尚傳》所記，義相自己曾閉門研究《華嚴探玄記》十天，並將此書分給門下「四英」真定、相圓、亮元、表訓每人各五卷，要他們好好研習與討論。

李能和（西元一八六九至一九四三年）所著《朝鮮佛教通史》（西元一九一八年刊行，收於《大藏經補編·第三十一冊》）卷上說：「高僧勝詮自唐朝返回，將賢首法藏的疏鈔傳遞給義相，華嚴之學從此更加彰明。」同書在「江原道杆城郡金剛山乾鳳寺」項下，說此寺自古以來，由「元曉、義相、勝詮」三聖傳「依經相承之法」。勝詮入唐學習《華嚴經》及帶回法藏著述，對韓國華嚴義學研究帶來很大的促進作用。

義相圓寂後，在八世紀中葉有「浮石嫡孫」之稱的神琳繼承浮石寺的華嚴學風。他曾經入唐求法，向順融和尚問法而解決幾個疑惑，其華嚴佛學取向也因入唐經歷而有所變化。他曾在浮石寺為千餘人講解法藏所作的《華嚴教分記》。（註九）

新羅末期的崔致遠於唐咸通九年（西元八六八年）十二歲時隨商船入唐，入國子監讀書，於十八歲時參加科考及第，二年後展開其仕宦生涯。他於入唐十六年後以大唐三品官銜榮歸故國，想以所學報效社稷；但官場沉浮，而於四十出頭即辭官歸隱，與高僧交遊，談佛論道，吟詩賦文，以伽耶山的海印寺為隱棲之地。

崔致遠在新羅孝恭王五年（唐昭宗天復四年〔西元九〇四年〕）於海印寺養病期間，喜獲法藏大師遺像供養，又感得特殊夢境，於是發願撰寫《唐大薦福寺故寺主翻經大德法藏和尚傳》。

他讀到《纂靈記》（《華嚴經傳記》）說長安有華嚴寺僧人千里撰作法藏《別錄》，陳述許多靈跡，而這本傳記未傳到海東，感到憾惜！他於是在各部書冊中收集法藏事跡的片斷記述，仿法藏所著《華嚴三昧觀》的「十義」格式，想出十個科目來記載與評述這位華嚴祖師的生平事略。

海印寺屬於華嚴十剎之一，在義相圓寂後二百年頃，法藏依然為華嚴學人所崇敬。曾經入唐求學而被尊為「東國儒宗」、「東國文學之祖」的崔致遠在此地緬懷法藏，及研修其華嚴著述。

新羅末期禪宗盛行，壓過義學諸派的光彩，而華嚴教學與瑜伽法相學派仍繼續傳承。西元九一八年，後高句麗（泰封）國王的部將王建在眾臣擁戴之下成為高麗太祖，朝鮮半島進入高麗時代。

從新羅統一，義相傳弘華嚴大法，直到高麗時期，華嚴佛學持續為人所研究。高麗初期，義學諸派已形成宗派的形式，但不稱「宗」而稱為「業」，如華嚴業、瑜伽業等；「業」這個名稱源自僧侶科考制度。整個高麗時期，不論是禪宗還是教宗，對華嚴教法都很重視，出現不少華嚴大家，如坦文、均如、決凝、釋煦等。（註一〇）

均如（西元九二三至九七三年）是高麗前期的華嚴宗高僧，著作依《大華嚴首座圓通兩重大師均如傳》所記有十種六十餘卷，涵蓋智儼、法藏、義湘諸師論疏的注釋書。現存者有《釋華嚴教分記圓通鈔》十卷、《華嚴經三寶章圓通記》二卷、《十句章圓通記》二卷、《釋華嚴旨歸章圓通鈔》二卷及《一乘法界圖圓通記》二卷。（註一一）值得注意的，是現存的五種著作中，有三本在疏解法藏的《華嚴教分記》、《華嚴經三寶章》、《華嚴經旨歸章》。

前面已提及的高麗僧統義天，是高麗國文宗王的第四子，十一歲時依止王師爛圓出家，聽講華嚴法義，賜號「祐世僧統」。在宣宗王二年（北宋元豐八年〈西元一〇八五年〉）帶著弟子入宋求法，在中國廣參華嚴、天台、禪宗、淨土等宗派的善知識。他於宋地停留十四個月，回國後開創了天台宗，並弘揚華嚴佛學。

義天在宋朝先後與有誠、淨源、善聰諸師研討華嚴義學；其中，淨源是北宋中興華嚴的宗匠。高麗的華嚴佛學傳統歷來相承者是義相系統的華嚴教學；自義天歸國起，轉變為以法藏教學為中心的華嚴宗傾向。義天系統的華嚴教學由其門下樂真、冰嚴、宗璘、教雄等人所繼承。（註一二）

西元一三九二年進入朝鮮李氏王朝，崇儒排佛。太宗七年（西元一四〇七年）將原本十一個宗派整併成七宗，華嚴宗仍為其中之一。世宗六年（西元一四二四年）更合併為禪、教二個宗派，華嚴與慈恩、中神、始與諸宗併入教宗。儘管如此，教宗的考試科目為華嚴宗所依《華嚴經》與《十地經論》，華嚴學實為核心。

日本華嚴宗之發展

日本華嚴佛學的始傳，據凝然《三國佛法傳通緣起·卷下》所記，天平八年（西元七三六年）有大唐的道璿律師到來，攜帶許多華嚴章疏及律宗《行事鈔》等，常住大安寺講說律藏、《行事鈔》等。道璿比較注重律學的傳授，似乎未講說華嚴典籍。

又《三國佛法傳通緣起．卷中．大日本國諸宗傳通》的「華嚴宗．下」，說明在天平十二年（西元七四〇年）最初講解的是舊譯六十卷《華嚴經》。促成此經的殊勝法緣者是良辨（良辯，西元六八九至七七三年），他初從義淵學法相唯識學，後來從慈訓學華嚴宗教義，發願弘揚華嚴佛學。

良辨原本想請元興寺的嚴智為《華嚴經》座主，但他謙遜辭謝，轉而推薦住在大安寺的新羅僧人審祥（？至西元七四二年）。嚴智表示，審祥曾前往大唐追隨法藏大師學習華嚴義理，是親承高祖的名德，為講說此經最適合不過的人選。

當時是由良辨上奏禮請審祥到金鐘寺（東大寺前身）講演《華嚴經》，並延請慈訓小僧都、鏡忍僧都、圓證大德三人擔當覆講師，請十六位名德作為聽眾，前後說法三年，每年講解二十卷。審祥是以六十卷《華嚴經》配合法藏的《華嚴經探玄記》解說經義。講經圓滿之後，審祥於天平十四年示寂。

「覆講師」制度的設計，是主講法師講過以後，在另外的時間由覆講師依照講說內容重講一遍，以訓練講師能維持原本義旨傳承下去。審祥辭世之後，便將三位覆講師立為主講師，每人各講說二十卷，三年講完一部。之後這樣的主講與覆講制度就代代相傳。

自此以後，擴大講說眾多的古譯經本與注疏，及新譯經本與注疏。至於新譯的八十卷《華嚴經》，在澄觀的《華嚴經疏》未傳入以前，是配合慧苑所撰的《續華嚴經略疏刊定記》來講解新譯經本。

審祥與良辨分別被推尊為日本華嚴宗的初祖與二祖。天平十五年（西元七四三年），聖武天皇下詔興造毗盧遮那大佛，兩年後開始鑄造，於天平勝寶元年（西元七四九年）完成，天皇發願弘揚《華嚴經》。天平勝寶四年（西元七五二年）舉行開光法會，天皇親臨。大佛殿的建設隨即如火如荼展開，最終於天平寶字二年（西元七五八年）竣工，此即東大寺，又稱大華嚴寺，日本華嚴宗的大本山，良辨被任命為第一代別當（最高負責人）。

日本華嚴宗非常注重法藏的論說，這與中國華嚴學人後來偏重澄觀與宗密的思想有別。良辨弟子壽靈著有《華嚴五教章指事》三卷，是日本最早的《華嚴五教章》注釋書，獲得日本後世注釋家的廣泛引用，被譽為「日本華嚴教學指針」。（註一三）

良辨一系的東大寺派是日本華嚴宗主流，祖述中國傳入的華嚴教學，比較無法發揮獨自的特色。另有高辨（西元一一七三至一二三二年）所開出的「高山寺派」，相對具有思想上的革新。日本的華嚴學術傳承不絕，法藏的《華嚴五教章》特受青睞，到十九世紀仍有學者為其撰寫注釋書。（註一四）

唐末五代時期，華嚴宗教勢在中國本土極度衰微，典籍散失，未料其學說在域外的大遼、新羅（後為高麗）、日本如此受到歡迎。法藏的華嚴思想在韓國與日本傳續不絕，北宋時代部分教典自高麗回傳漢地，振興華嚴義學的研究風氣：清末民初，多種法藏著述由日本重回中國佛教學人懷抱，更是當代華嚴教學復興的一大契機。因緣和合，不可思議！

【註釋】

註一：魏道儒，《中國華嚴宗通史》，南京：江蘇古籍出版社，一九九八年，頁二二五。

註二：關於遼代華嚴佛教的傳播與發展情形，參見賴永海主編，《中國佛教通史．第十卷》，南京：江蘇人民出版社，二〇一〇年，頁三二一至三五二。

註三：王頌，《宋代華嚴思想研究》，北京：宗教文化出版社，二〇〇八年，頁二八至二九。

註四：賴永海主編，《中國佛教通史．第十一卷》，南京：江蘇人民出版社，二〇一〇年，頁一四八至一六一。

註五：荒木見悟著，廖肇亨譯，〈李通玄在明代〉，《中國文哲研究通訊》第十卷第一期，二〇〇〇年三月，頁二七三至二八八。

註六：魏道儒，《中國華嚴宗通史》，南京：江蘇古籍出版社，一九九八年，頁二九五。

註七：于凌波，〈創辦華嚴大學的月霞法師〉，《中國近代佛門人物誌·第一集》，臺北：慧炬出版社，一九九三年，頁八十八至九十二。

註八：愛宕顯昌著，轉瑜譯，《韓國佛教史》，高雄：佛光出版社，一九八七年，頁十六至十七。

註九：金相鉉著，敖英譯，《新羅華嚴思想史研究》，北京：社會科學文獻出版社，二〇一四年，頁三十九。

註一〇：金煐泰著，柳雪峰譯，《韓國佛教史概說》，北京：社會科學文獻出版社，一九九三年，頁九十三至九十四。

註一一：金知見著，慈怡譯，《均如大師華嚴學全書解題》，收於《大藏經補編》第一冊（CBETA B01, no. 1）。

註一二：金煐泰著，柳雪峰譯，《韓國佛教史概說》，頁九十五至九十六、九十九。

註一三：于德隆，〈《華嚴一乘教義分齊章》在中韓日三國的流傳與版本〉，《圓光佛學學報》第四十二期，二〇二三年十二月，頁一至四十七。

註一四：龜川教信著，釋印海譯，《華嚴學》，高雄：佛光文化公司，一九九七年，頁八十至八十八。

附錄

賢首法藏年譜

歲數	西元	帝號、年號
一歲	六	唐太宗　貞觀十七年
法藏於十一月初二日生於長安。		
十六歲	六	唐高宗　顯慶三年
於岐州法門寺阿育王舍利塔燃指供佛。		
十七歲	六	唐高宗　顯慶四年
辭別雙親，前往太白山訪求佛法。修煉道家服食，研讀大乘經典。 智儼受沛王之請，至長安雲華寺講《華嚴經》。		
十九歲頃	六	唐高宗　龍朔元年
義相自新羅搭船抵揚州。		

法藏於太白山訪道數年，因母病歸返長安，至雲華寺拜謁智儼，聽《華嚴經》。

二十歲　六六二　唐高宗　龍朔二年

義相抵達終南山至相寺，隨智儼學《華嚴經》，與法藏同學。

二十六歲　六六八　唐高宗　總章元年

智儼將法藏出家之事囑託道成、薄塵二位法師，不久示寂。

法藏向婆羅門僧人求受菩薩戒。

二十八歲　六七〇　唐高宗　總章三年、咸亨元年

武則天母榮國夫人辭世，武后捨宅為太原寺。道成、薄塵等人薦舉法藏，特恩剃度，敕住太原寺。

法藏奉旨於太原寺講《華嚴經》。

二十九歲　六七一　唐高宗　咸亨二年

義相離開至相寺，前往登州，準備搭船返歸新羅。

三十七歲　六[illegible]　唐高宗　調露元年

法藏與地婆訶羅（日照三藏）於西太原寺對校《華嚴經・入法界品》梵漢諸本，發現兩處脫文。

地婆訶羅奉旨於西太原寺譯經，法藏受詔參與譯場。

三十八歲　六[illegible]　唐高宗　永隆元年

地婆訶羅與法藏同譯〈入法界品〉脫文。

法藏前往夏州探望雙親，郡牧邑宰均到城郊迎接。

四十二歲　六[illegible]　唐睿宗　文明元年

於西太原寺向地婆訶羅請問印度論師的判教學說，得知戒賢與智光的不同觀點。

四十七歲　六[illegible]　唐武則天　永昌元年

提雲般若赴洛陽拜謁武則天，敕於魏國東寺譯經，法藏與其同譯《華嚴經．不思議佛境界分》。

四十八歲　六九〇　唐武則天　天授元年
武則天稱帝，改國號為「周」。
法藏與提雲般若在大周東寺同譯《大方廣佛華嚴經．修慈分》。
法藏前往曹州探望祖母，牧宰香花郊迎。

四十九歲　六九一　唐武則天　天授二年
應曹州牧宰之請講《華嚴經》，及折服問難道士。

五十歲　六九二　唐武則天　長壽元年
書寫〈寄海東書〉及委託勝詮抄寫《華嚴經探玄記》等七種著作，送至新羅義相（湘）處。

五十二歲　六九四　唐武則天　延載元年

在雲華寺開講《華嚴經》，口出光明，形成華蓋；講至〈十地品〉，感得五色祥雲，天花飄降。

五十三歲 六 唐武則天 證聖元年

武則天遣使往于闐求索《華嚴經》完整梵本，迎請實叉難陀前來主持譯經。

三月於洛陽大遍空寺開始翻譯，法藏奉詔擔任筆受。

五十五歲 六 唐武則天 神功元年

契丹抗命，武則天詔見法藏詢問佛教法門；法藏建立十一面觀音壇法，依經行道，幫助退敵。

五十七歲 六 唐武則天 聖曆元年

新譯八十卷《華嚴經》於佛授記寺譯畢。

下詔請法藏於佛授記寺講新譯《華嚴經》，感得大地震動。召入長生殿問法，以殿中金獅子為喻，助武則天理解十玄、六相深義。

五十八歲 七〇 唐武則天 聖曆三年、久視元年新譯《華嚴經》仍缺日照三藏所譯〈入法界品〉脫文，法藏對勘新舊譯本與梵本，將脫文補齊。

法藏奉詔與實叉難陀、彌陀山於洛陽三陽宮同譯《入楞伽經》。

六十歲　七〇二　唐武則天　長安二年

法藏於長安清禪寺與實叉難陀同譯《文殊師利授記經》。

於譯經餘暇為祕書少監鄭萬鈞撰寫《般若波羅密多心經略疏》。

彌陀山與復禮、法藏等人再度勘譯《入楞伽經》。

六十一歲　七〇三　唐武則天　長安三年

法藏應詔與義淨同譯《金光明最勝王經》，擔任證義。

六十二歲　七〇四　唐武則天　長安四年

命法藏與鳳閣侍郎崔玄暐一同前往法門寺迎請佛指舍利到宮中供養。

六十三歲　七〇五　唐中宗　神龍元年

正月，武則天被廢，中宗復位。
法藏與彌陀山同譯《無垢淨光陀羅尼經》。
十一月，中宗敕令圖寫法藏真儀，御製讚頌四章，表揚法藏弘法功德。

六十四歲　七　唐中宗　神龍二年

中宗敕命在大薦福寺設置翻經院。
奉詔於西崇福寺與菩提流志同譯《大寶積經》，擔任證義。

六十六歲　七　唐中宗　景龍二年

夏季缺雨，敕令法藏召集百位法師於大薦福寺設壇祈雨。事畢，中宗禮法藏為菩薩戒師，賜號「國一」。
法藏奏請於長安等五處設華嚴寺，抄寫大乘藏經與各家章疏，收藏寺中。人稱「華嚴和尚」。
奉詔入大內佛光殿與義淨同譯《藥師琉璃光七佛本願功德經》。
敕命法藏、文綱等法師進入內道場舉行法會，將佛指舍利恭送回法門寺。

六十八歲

七一〇　唐中宗　景龍四年

法藏應詔於西崇福寺與菩提流志續譯《大寶積經》。

六十九歲

七一一　唐睿宗　景雲二年

春季不雨，冬不降雪，睿宗於宮中召見法藏，請問解救之法。法藏往藍田山悟真寺龍池，修《隨求即得大自在陀羅尼神咒經》密法；未及十日即得靈驗，朝廷降旨褒揚。

七十歲

七一二　唐睿宗／唐玄宗　太極元年／先天元年

七月有彗星出現西方，睿宗禮請法藏為菩薩戒師。睿宗將帝位禪讓於玄宗，退位為太上皇。

十一月初二，法藏壽誕，太上皇賜贈衣財與飲食。

十一月十四日，法藏圓寂於長安大薦福寺。葬於神禾原華嚴寺南。

參考資料

于凌波，《中國近代佛門人物誌・第一集》，臺北：慧炬出版社，一九九三年。

于德隆，〈《華嚴一乘教義分齊章》在中韓日三國的流傳與版本〉，《圓光佛學學報》第四十二期（二〇二三年十二月），頁一至四十七。

王亞榮，《長安佛教史論》，北京：宗教文化出版社，二〇〇五年。

王頌，《宋代華嚴思想研究》，北京：宗教文化出版社，二〇〇八年。

方立天，《法藏》，臺北：東大圖書公司，一九九一年。

李四龍，《天台智者研究：兼論宗派佛教的興起》，北京：北京大學出版社，二〇〇三年。

屈大成，〈澄觀的生平與著作〉，《正觀雜誌》第三期，一九九七年十二月，頁九六至一一八。

胡戟，《武則天本傳》，西安：三秦出版社，一九八六年。
桑大鵬，《三種《華嚴》及其經典闡釋研究》，武漢：華中師範大學出版社，二〇〇七年。
陳寅恪，〈武曌與佛教〉，《國立中央研究院歷史語言研究所集刊》第五本第二分，一九三五年，頁一三七至一四七。
湯用彤，《隋唐佛教史稿》，南京：江蘇教育出版社，二〇〇七年。
鄧克銘，《華嚴思想之心與法界》，臺北：文津出版社，一九九七年。
鄭顯文，〈唐代《道僧格》及其復原之研究〉，《普門學報》第二十期，二〇〇四年三月，頁一三七至一七八。
賴永海主編，《中國佛教通史》（全十五卷），南京：江蘇人民出版社，二〇一〇年。
魏道儒，《中國華嚴宗通史》，南京：江蘇古籍出版社，一九九八年。
魏嚴堅，《唐代長安寺院之研究》，臺北：文化大學史學研究所博士論文，二〇〇五年。
釋印順，《初期大乘佛教之起源與開展》，臺北：正聞出版社，一九八一年。
釋聖凱，《南北朝地論學派思想史》，北京：宗教文化出版社，二〇二一年。
饒宗頤，〈從石刻論武后之宗教信仰〉，《中央研究院歷史語言研究所集刊》第四十五本第三分，一九七四年，頁三九七至四一八。
大西磨希子著，祝世潔譯，〈武則天與佛教〉，《敦煌寫本研究年報》第十三號，二〇一九年，頁三三至五〇。
川田雄太郎等著，李世傑譯，《華嚴思想》，臺北：法爾出版社，一九八九年。
木村清孝著，李惠英譯，《中國華嚴思想史》，臺北：東大圖書公司，一九九六年。

木村清孝著，劉聯宗譯，《華嚴經的現代解讀》，高雄：佛光文化公司，二〇二〇年。
金相鉉著，敖英譯，《新羅華嚴思想史研究》，北京：社會科學文獻出版社，二〇一四年。
金煐泰著，柳雪峰譯，《韓國佛教史概說》，北京：社會科學文獻出版社，一九九三年。
荒木見悟著，廖肇亨譯，〈李通玄在明代〉，《中國文哲研究通訊》第十卷第一期，二〇〇〇年三月，頁二七三至二八八。
愛宕顯昌著，轉瑜譯，《韓國佛教史》，高雄：佛光出版社，一九八七年。
龜川教信著，釋印海譯，《華嚴學》，高雄：佛光文化公司，一九九七年。
鎌田茂雄著，小林靜乃譯，《中國佛教通史・第六卷》，高雄：佛光出版社，二〇一二年。
鎌田茂雄著，釋慈怡譯，《華嚴經講話》，高雄：佛光出版社，一九九三年。

小野勝年，《中國隋唐長安・寺院史料集成・解說篇》，京都：法藏館，一九八九年。

吉津宜英：〈法藏の著作の撰述年代について〉，《駒澤大學佛教學部論集》第十號，一九七九年，頁一六三至一七九。

李惠英，〈華嚴經關脈義記について〉，《印度學佛教學研究》第四十二卷第二號，一九九三年，頁六六至六八。

鎌田茂雄，〈法藏撰華嚴經問答について〉，《印度學佛教學研究》第七卷第二號，一九五九年，頁二四一至二四七。

Wickstrom, Daniel A.，《賢首大師法藏の研究》，京都：龍谷大學博士論文，二〇一九年。

Chen, Jinhua , Philosopher, Practitioner, Politician: The Many Lives of Fazang (643-712) . Leiden: Koninklijke Brill NV, 2007.

國家圖書館出版品預行編目（CIP）資料

賢首法藏：華嚴宗義大成者／黃國清編撰
臺北市：經典雜誌，慈濟傳播人文志業基金會，2025.01
400面；15×21公分 —（高僧傳）
ISBN 978-626-7587-18-8（精裝）
1.CST:（唐）釋法藏　2.CST: 佛教傳記
229.341　　　113020587

賢首法藏——華嚴宗義大成者

創 辦 人／釋證嚴

編 撰 者／黃國清
主編暨責任編輯／賴志銘
行政編輯／涂慶鐘
美術指導／邱宇陞
插圖繪者／徐淑貞
美術編輯／蔡雅君
校對志工／林旭初

發行人．慈濟人文志業執行長／王端正
合心精進長／姚仁祿
主 責 長／王志宏

出 版 者／經典雜誌
慈濟傳播人文志業基金會
112019臺北市北投區立德路2號
客服專線／（02）28989991
傳真專線／（02）28989000 分機1165、2145
劃撥帳號／19924552　戶名／經典雜誌
印　　製／新豪華製版印刷股份有限公司
經 銷 商／聯合發行股份有限公司
231028新北市新店區寶橋路235巷6弄6號2樓
（02）29178022
出版日期／2025年1月初版一刷
2025年6月初版二刷
定　　價／新臺幣380元